CAMBRIDGE LIBRARY COLLECTION
Books of enduring scholarly value

Religion

For centuries, scripture and theology were the focus of prodigious amounts of scholarship and publishing, dominated in the English-speaking world by the work of Protestant Christians. Enlightenment philosophy and science, anthropology, ethnology and the colonial experience all brought new perspectives, lively debates and heated controversies to the study of religion and its role in the world, many of which continue to this day. This series explores the editing and interpretation of religious texts, the history of religious ideas and institutions, and not least the encounter between religion and science.

Catalogue of the Arabic MSS. in the Convent of S. Catharine on Mount Sinai

The twin sisters Agnes Lewis (1843–1926) and Margaret Gibson (1843–1920) were pioneering biblical scholars who became experts in a number of ancient languages. Travelling widely in the Middle East, they made several significant discoveries, including one of the earliest manuscripts of the Four Gospels in Syriac, a dialect of Aramaic, the language probably spoken by Jesus himself. Their chief discoveries were made in the Monastery of St. Catherine on Mount Sinai. This work is a list of the monastery's manuscripts in Arabic compiled by Margaret Gibson in 1893 and first published in 1894. Written in Greek for use by scholars and for the monks themselves, this fascicule provides a careful document of the monastery's Arabic pages, their physical state and content. Illustrated with photographs of the catalogued works, this text will be of interest to scholars in Arabic Christianity and Middle Eastern monastic history.

T0364260

Cambridge University Press has long been a pioneer in the reissuing of out-of-print titles from its own backlist, producing digital reprints of books that are still sought after by scholars and students but could not be reprinted economically using traditional technology. The Cambridge Library Collection extends this activity to a wider range of books which are still of importance to researchers and professionals, either for the source material they contain, or as landmarks in the history of their academic discipline.

Drawing from the world-renowned collections in the Cambridge University Library and other partner libraries, and guided by the advice of experts in each subject area, Cambridge University Press is using state-of-the-art scanning machines in its own Printing House to capture the content of each book selected for inclusion. The files are processed to give a consistently clear, crisp image, and the books finished to the high quality standard for which the Press is recognised around the world. The latest print-on-demand technology ensures that the books will remain available indefinitely, and that orders for single or multiple copies can quickly be supplied.

The Cambridge Library Collection brings back to life books of enduring scholarly value (including out-of-copyright works originally issued by other publishers) across a wide range of disciplines in the humanities and social sciences and in science and technology.

Catalogue of
the Arabic MSS.
in the Convent
of S. Catharine
on Mount Sinai

MARGARET DUNLOP GIBSON

CAMBRIDGE
UNIVERSITY PRESS

CAMBRIDGE UNIVERSITY PRESS

Cambridge, New York, Melbourne, Madrid, Cape Town,
Singapore, São Paolo, Delhi, Mexico City

Published in the United States of America by Cambridge University Press, New York

www.cambridge.org
Information on this title: www.cambridge.org/9781108043502

This edition first published 1894
This digitally printed version 2012

ISBN 978-1-108-04350-2 Paperback

CATALOGUE

OF ARABIC MSS.

London: C. J. CLAY AND SONS,
CAMBRIDGE UNIVERSITY PRESS WAREHOUSE,
AVE MARIA LANE.
Glasgow: 263, ARGYLE STREET.

Cambridge: DEIGHTON, BELL AND CO.
Leipzig: F. A. BROCKHAUS.
New York: MACMILLAN AND CO.

MATTHEW XVIII. 31. XIX 15.

(Nº 75.)

(From a Photograph by Mᵣˢ Lewis)

Frontispiece (Part III)

STUDIA SINAITICA No. III.

CATALOGUE

OF THE ARABIC MSS.

IN THE CONVENT OF S. CATHARINE ON MOUNT SINAI

COMPILED BY

MARGARET DUNLOP GIBSON.

LONDON:

C. J. CLAY AND SONS,

CAMBRIDGE UNIVERSITY PRESS WAREHOUSE
AVE MARIA LANE.

1894

Cambridge:

PRINTED BY C. J. CLAY, M.A. AND SONS,

AT THE UNIVERSITY PRESS.

Τῷ Πανιερωτάτῳ καὶ Σεβασμιωτάτῳ

Ἀρχιεπισκόπῳ

τῆς Ἁγιωτάτης Ἀρχιεπισκοπῆς

Σινᾶ Παρὰν καὶ Ῥαιθοῦ

ΚΥΡΙῼ ΠΟΡΦΥΡΙῼ

Ὑπολήψεώς τε καὶ εὐγνωμοσύνης

ἐλάχιστον δεῖγμα

προσφέρει

ἡ συντάκτης

INTRODUCTION.

ON the 11th of January, 1893, when in Cairo with my
sister, Mrs S. S. Lewis, preparing for our second visit
to Mount Sinai, I asked and obtained permission from
Archbishop Porphyrios to catalogue the Arabic and Syriac
books in the library, which is equal or even superior to
that at Jerusalem in the wealth of Christian Arabic MSS.
it contains. His Beatitude was kind enough to write
to the resident heads of the Convent, Fathers Galaktion
and Nicodemus, desiring them to shew all the Arabic and
Syriac books in their possession to Mrs Lewis and myself,
that we might make catalogues of them, catalogues which
we were to leave at the Convent. His letter is printed in
the Introduction to No. I. of this series. As our stay was
limited to forty days, it was impossible for me to do more
than indicate the contents of each volume, without going
into detail. There may therefore be some interesting
things that have escaped my observation, but I trust that
this list may be a guide to future travellers in making
further researches. The volumes were all already numbered,
and this had evidently been done with method, as may
be seen by a glance at the plan of their arrangement. The
monks carried out the orders of their Archbishop in the
most cordial spirit, and without their active help I could
not have performed a feat involving so much physical
labour.

Most of the books had lost not only their title-pages, but their last leaves as well, so that it was not possible to find their dates. One is ashamed to think that some scholar in former years must have abused the hospitality of the monks, and that a choice collection of title-pages may be found in some European library. There were a few, happily not many, whose fate it had been during the centuries of their existence not to be 'marked nor learned' but 'inwardly digested' by little rodents more innocent than scholars.

In conclusion, I have to express my thanks to His Beatitude Porphyrios, Archbishop of Mount Sinai, and to the Fathers who gave me such active assistance; to Mrs Bensly, who shared with them the task of counting leaves; to Mr J. Rendel Harris, of Clare College, Lecturer in Palæography to the University of Cambridge, for giving me much valuable advice; to my dear sister, Mrs S. S. Lewis, who has revised my proofs, and who also helped me at the Convent by examining some fifty books, most of which I have marked thus †. I am likewise indebted to Mr A. Cowley, M.A. of Oxford, who has kindly furnished me with additional particulars of the volumes he examined during his visit to the Convent this year. These latter I have marked with an asterisk.

MARGARET D. GIBSON.

CASTLE-BRAE,
CAMBRIDGE.
July, 1894.

ΠΑΡΟΡΑΜΑΤΑ.

ΧΕΙΡΟΓΡΑΦΑ ΑΡΑΒΙΚΑ

ΤΗΣ ΣΙΝΑΪΤΙΚΗΣ ΒΙΒΛΙΟΘΗΚΗΣ.

1

نبوة دانيال : نبوة ارميا : نبوة حزقيال

Προφητείαι Δανιήλ, Ἱερεμίου καὶ Ἰεζεκιήλ.

Ἐλλειπὲς κατ᾽ ἀρχήν.

Μεμβράνη· ἑκατοστόμετρα κγ΄ × ιϛ΄· φύλλα ρμζ΄· γραμμαὶ κϛ΄.

2

كتاب التوراة

Πεντάτευχος.

Ἐλλειπὲς κατὰ τέλος.

Χάρτης· κϛ΄ × ιε΄· φ. σξϛ΄· γρ. ιζ΄.

3

كتاب التوراة

Πεντάτευχος.

Χάρτης· κδ΄ × ιζ΄· φ. τογ΄· γρ. ιϛ΄.

4

كتاب مقالات عن سيرة ابراهيم

Κηρύγματα περὶ τοῦ βίου Ἀβραάμ.

Ἐλλειπὲς κατ᾽ ἀρχήν. χάρτης· κϛ΄ × ιε΄· φ. σπα΄· γρ. ιζ΄.

G. A. M.

I

5

كتاب التوراة

Πεντάτευχος.

Ἄνευ ἀρχῆς καὶ τέλους, καὶ δεσίμου καὶ τίτλου.

Χάρτης· κβ′ × ιε′· φ. τζ′· γρ. ιγ′.

6

تفاسير الكتب المقدسة

Ἑρμηνεῖαι τῶν ἁγίων βιβλίων.

Ἄνευ δεσίμου καὶ τίτλου.

Χάρτης· κα′ × ιδ′· φ. ρνθ′· γρ. ιε′.

7

خبر داود المالك

Ἱστορία Δαυὶδ τοῦ βασιλέως.

(Ἴσως μέρος τοῦ πρώτου βιβλίου βασιλειῶν.) ἐλλειπὲς κατ' ἀρχήν· ἄνευ τίτλου.

Χάρτης· κζ′ × ιϛ′· φ. οθ′· γρ. κ′.

8

Ἀφῃρημένον.

9

كتاب شعيا النبى

Βιβλίον Ἡσαίου τοῦ Προφήτου.

Χάρτης· κε′ × ιζ′· φ. τξϛ′· γρ. ιζ′. Μετὰ Χριστὸν ͵ασκβ′.

10

كتاب نبوات وسنكسار

Βιβλίον τῶν Προφητῶν καὶ Συναξάριον.

Χάρτης· κϛ′ × ιη′· φ. σε′· γρ. ιθ′. Μ. Χ. ͵ατη′.

11

كرات للاعياد من نبوة اشعيا

Ἀναγνώσεις διὰ τὰς ἑορτὰς ἐκ τῆς Προφητείας Ἡσαίου.

Ἐλλειπὲς κατ' ἀρχὴν καὶ τέλος.

Χάρτης· ιζ′ × ιβ′· φ. ρνδ′· γρ. ιη′.

12

كتاب نبوات : قرارات للاعياد

Βιβλίον τῶν Προφητειῶν κατ' ἀναγνώσεις διὰ τὰς
ἑορτάς.

'Ελλειπὲς κατ' ἀρχὴν καὶ τέλος.

Χάρτης· κα΄ × ιε΄· φ. ρλγ΄· γρ. ιδ΄.

13

تفسير النبوات وامثال سليمان

'Ερμηνεία τῶν Προφητειῶν καὶ τῶν Παροιμιῶν Σαλω-
μῶντος.

Χάρτης· κε΄ × ις΄· φ. τπγ΄· γρ. ιζ΄. Μ. Χ. ͵ασκβ΄.

14

قرارات من الانبيا

Προφητολόγιον.

Χάρτης· λ΄ × κ΄· φ. ρτβ΄· γρ. κγ΄.

15

قرارات من العهد القديم

'Αναγνώσεις ἐκ τῆς Παλαιᾶς Διαθήκης.

Χάρτης· κγ΄ × ιε΄· φ. ρμς΄· γρ. κα΄.

16

قرارات للاعياد من المزامير

'Αναγνώσεις ἐκ τῶν ψαλμῶν διὰ τὰς ἑορτάς.

Χάρτης· ιη΄ × ιγ΄· φ. σκε΄· γρ. ιγ΄.

17

مزامير

Ψαλμοί.

Χάρτης· ιδ΄ × ια΄· φ. ρπα΄· γρ. ιβ΄.

18

قرارات من الانبيا والمزامير

Προφητολόγιον καὶ ψαλτήριον.

Χάρτης· κ΄ × ιδ΄· φ. σκθ΄: γρ. ιδ΄.

19

Ἀφῃρημένον.

20

كتاب المزامير

Ψαλτήριον.

Μεμβράνη· ιϛ′ × ια′· φ. σκθ′· γρ. θ′.

21

كتاب المزامير

Ψαλτήριον.

Φύλλα β′ συριστὶ κατ' ἀρχὴν καὶ β′ κατὰ τέλος.

Μεμβράνη· ιδ′ × ι′· φ. ρϟβ′· γρ. ιβ′.

22

كتاب المزامير

Ψαλτήριον.

Ἐλλειπὲς κατ' ἀρχήν.

Μεμβράνη· ιε′ × ια′· φ. σοα′· γρ. ιη′.

23

مزامير

Ψαλτήριον.

Χάρτης· ιϛ′ × ιγ′· φ. ρϟβ′· γρ. ιδ′.

24

كتاب المزامير

Ψαλτήριον.

Ἐλλειπὲς κατὰ τέλος.

Χάρτης· ιε′ × ι′· φ. σιβ′· γρ. ιβ′.

25

كتاب المزامير

Ψαλτήριον.

Χάρτης· κα′ × ιδ′· φ. ροβ′· γρ. ιϛ′.

26

كتاب المزامير

Ψαλτήριον.

Ἐλλειπὲς κατ' ἀρχὴν καὶ τέλος.

Χάρτης· ιη′ × ιγ′· φ. ρμβ′· ὧν ζ διασπασμένα· γρ. ιγ′.

27

كتاب المزامير

Ψαλτήριον.

Χάρτης· ιε΄ × ι΄· φ. ρμβ΄· ὧν τίνα ἀσύνδετα· γρ. ιβ΄.

28

كتاب المزامير

Ψαλτήριον.

'Ελλειπὲς κατ' ἀρχήν.

Χάρτης· ιζ΄ × ιβ΄· φ. σιθ΄· γρ. ιβ΄.   M. X. ͵ασξθ΄.

29

كتاب المزامير

Ψαλτήριον.

Πολὺ διεφθαρμένον.

Χάρτης· ιδ΄ × ι΄· φ. ρι΄· γρ. ιβ΄.

30

مزامير

Ψαλμοί.

'Ελλειπὲς κατ' ἀρχὴν καὶ τέλος.

Χάρτης· ιζ΄ × ιδ΄· φ. ρϟα΄· γρ. θ΄.

31

مزامير

Ψαλτήριον.

Χάρτης· κβ΄ × ιε΄· φ. ϟα΄· γρ. ιζ΄.

32

مزامير

Ψαλτήριον.

'Ελλειπὲς κατ' ἀρχήν.

Χάρτης· ιε΄ × ια΄· φ. ρλζ΄· γρ. ι΄.

33

مزامير

Ψαλτήριον.

Χάρτης· ιθ΄ × ιη΄· φ. ρνβ΄· γρ. ιβ΄.

34

كتاب المزامير

Ψαλτήριον.

Ἐλλειπὲς κατὰ τέλος.

Χάρτης· ιθ′ × ιγ′· φ. ργ′· γρ. ιδ′.

35

كتاب المزامير

Ψαλτήριον.

Χάρτης· θ′ × ϛ′· φ. ρπδ′· ὧν β′ ἄγραφα· γρ. ιε′.

36

مزامير

Ψαλτήριον.

Χάρτης· ιε′ × ια′· φ. ρνβ′· γρ. ια′.

37

كتاب المزامير

Ψαλτήριον.

Χάρτης· ιζ × ιγ′· φ. ρκβ′· γρ. ιγ′.

38

كتاب المزامير

Ψαλτήριον.

Χάρτης· ιζ′ × ιγ′· φ. ρμη′· γρ. ιδ′.

39

Ἀφῃρημένον.

40

مزامير وتسبيحات

Ψαλτήριον καὶ ὑμνολόγιον.

Χάρτης· ιζ′ × ιβ′· φ. τλ′· γρ. ιδ′.

41

كتاب المزامير

Ψαλτήριον.

Πολλὰ φύλλα συγκεκολλημένα.

Χάρτης· ιδ′ × ι′· φ. ροζ′· γρ. ια′.

42

كتاب المزامير

Ψαλτήριον.

Χάρτης· ις΄ × ια΄· φ. ρλε΄· ὧν ἓν ξένον· γρ. ιγ΄.

43

رسالات القديس بولس

Ἐπιστολαὶ τοῦ Ἁγίου Παύλου ἀπὸ Ῥωμ. ϛ΄· κβ΄· ἕως
Τιμ. Β΄· γ΄· η΄. Μεμβράνη· ιε΄ × ιβ΄· φ. Ϟϛ΄· γρ. ιη΄.
Ἐλλειπὲς κατ᾿ ἀρχὴν καὶ τέλος.

43 bis

كتاب المزامير

Ψαλτήριον.

Χάρτης· ιη΄ × ιγ΄· φ. ροβ΄· γρ. ιγ΄.

44

كتاب المزامير

Ψαλτήριον.

Χάρτης· κ΄ × ιδ΄· φ. ρνδ΄· γρ. ιε΄.

45

كتاب المزامير

Ψαλτήριον.

Χάρτης· ιζ΄ × ιγ΄· φ. ριη΄· γρ. ιγ΄.

46

كتاب المزامير

Ψαλτήριον.

Χάρτης· ιε΄ × ιβ΄· φ. σκ΄· γρ. ιβ΄.

47

كتاب المزامير

Ψαλτήριον.

Χάρτης· κα΄ × ιδ΄· φ. ροη΄· γρ. ιγ΄.

48

كتاب المزامير

Ψαλτήριον.

Χάρτης· ιθ΄ × ιγ΄· φ. σι΄· γρ. ιβ΄.

49

كتاب المزامير

Ψαλτήριον.

Χάρτης· ιγ΄ × ιζ΄· φ. σις΄· γρ. ια΄.

50

كتاب المزامير

Ψαλτήριον.

Χάρτης· ις΄ × ιβ΄· φ. σλε΄· γρ. ιδ΄.

51

المزامير والتسع تسبيحات

Ψαλτήριον μετὰ τῶν θ΄ ᾠδῶν.

Φύλλα β΄ ἄλλου βιβλίου κατὰ τέλος.

Μεμβράνη· ις΄ × ια΄· φ. ρμα΄· γρ. ιβ΄.

52

كتاب المزامير

Ψαλτήριον.

Ἐλλειπὲς κατ᾿ ἀρχὴν καὶ τέλος.

Χάρτης· ιδ΄ × ι΄· φ. σλζ΄· γρ. ια΄.

53

كتاب المزامير

Ψαλτήριον.

Χάρτης· κς΄ × ιζ΄· φ. ρνε΄· γρ. ιδ΄.

54

Ἀφῃρημένον.

55

كتاب المزامير

Ψαλτήριον.

Πολὺ διεφθαρμένον.

Χάρτης· ις΄ × ιγ΄· φ. σλα΄· γρ. ιβ΄.

56

كتاب المزامير

Ψαλτήριον.
Ἐλλειπὲς κατ᾽ ἀρχὴν καὶ τέλος.
Χάρτης· ιδ΄ × ι΄· φ. ρμη΄· γρ. ια΄.

57

من قول انتخس الراهب : مزامير

Λόγος Ἀντιόχου τοῦ Μοναχοῦ.
Ψαλτήριον.
Χάρτης· ιε΄ × ι΄· φ. ρπα΄· γρ. ιγ΄.

58

مزامير المقدسة

Ψαλτήριον.
Χάρτης· ιζ΄ × ια΄· φ. ρλζ΄· γρ. ιγ΄.

59

كتاب المزامير

Ψαλτήριον.
Χάρτης· ιδ΄ × ι΄· φ. ρξβ΄· γρ. ιγ΄.

60

مزامير ماية وخمسون

Ψαλτήριον.
Χάρτης· κ΄ × ιε΄· φ. πα΄· γρ. ιθ΄.

61

كتاب المزامير

Ψαλτήριον.
Χάρτης· κα΄ × ιε΄· φ. ρζ΄ ὧν ε΄ ἄγραφα· γρ. ιε΄.

62

كتاب المزامير

Ψαλτήριον.
Ἐλλειπὲς κατ᾽ ἀρχήν.
Χάρτης· ιγ΄ × θ΄· φ. ρξδ΄· γρ. θ΄.

G. A. M.

63

كتاب المزامير

Ψαλτήριον.

Χάρτης· ιε΄ × ιβ΄· φ. τλγ΄· γρ. ια΄.

64

Ἀφῃρημένον.

65

كتاب المزامير

Ψαλτήριον.

Χάρτης· ιζ΄ × ιγ΄· φ. σνδ΄· γρ. ια΄.

66

مزامير وتفاصيل للقديس باسيليوس والخ

Ψαλτήριον καὶ ἑρμηνείαι αὐτοῦ ὑπὸ τοῦ ἁγίου Βασιλείου,
κ.τ.λ.

Χάρτης· κ΄ × ιδ΄· φ. τϟϛ΄· γρ. ιγ΄.

67

كتاب المزامير

Ψαλτήριον.

Χάρτης· κβ΄ × ιδ΄· φ. σιγ΄· γρ. ιε΄.

68

Ἀφῃρημένον.

69

اناجيل

Τὰ τέσσαρα Εὐαγγέλια.

Πληρές.

Μεμβράνη· ιη΄ × ιγ΄· φ. ρμζ΄.   Μ. Χ. ͵αξε΄.

70

اناجيل

Εὐαγγέλια.

Μεμβράνη· κγ΄ × ιϛ΄· φ. ρζ΄ ὧν ϛ΄ χάρτινα· γρ. κγ΄.

71

اناجيل

Εὐαγγέλια.
'Ελλειπὲς κατ' ἀρχὴν καὶ τέλος.
Μεμβράνη· κβ′ × ιζ′· φ. μη′· γρ. ιε′.

72

اناجيل

Εὐαγγέλια.
Μεμβράνη· ιθ′ × ιγ′· φ. ριθ′· γρ. κϛ′.

73

اناجيل

Εὐαγγέλια.
Πολὺ ἐλλειπὲς κατ' ἀρχὴν καὶ τέλος.
Μεμβράνη· κα′ × ιϛ′· φ. Ϟε′· γρ. κα′.

74

اناجيل

Εὐαγγέλια.
'Ελλειπὲς κατὰ τέλος.
Μεμβράνη· ιϛ′ × ι′· φ. σν′· γρ. ιδ′· αἰῶνος ι′.

75

اناجيل

برهان يدل على ان للخلق يكسر قول الدهرين الذين يزعموا
انه ليس الله : مسائل النصارى المومنين بالمسيح لليهود

α′. Εὐαγγέλια. β′. Δεῖγμα ὅτι ἐν τῇ κτίσει ἡ γλῶσσα
τῶν αἰώνων καταστρέφει τοὺς διισχυρίζοντας ὅτι οὐκ ἔστι
Θεός. γ′. Συζητήσεις μεταξὺ Χριστιανῶν καὶ 'Ιουδαίων.
Μεμβράνη· κγ′ × ιϛ′· φ. σιθ′· γρ. κη′· αἰῶνος ι′.

76

اناجيل

Εὐαγγέλια.
Μεμβράνη· κζ′ × ιθ′· φ. τκ′· γρ. ιγ′.

77

اناجيل

Εὐαγγέλια.

Χάρτης· κ΄ × ιδ΄· φ. σλε΄· γρ. ιγ΄.

78

اناجيل

Εὐαγγέλια.

Χάρτης· κβ΄ × ιδ΄· φ. τιγ΄· γρ. ιδ΄.   Μ. Χ. ͵ασπζ΄.

79

اناجيل واخبار المستشهدين

Εὐαγγέλια καὶ Συναξάριον.

Χάρτης· κβ΄ × ιγ΄· φ. τί΄· γρ. ιε΄.   Μ. Χ. ͵ατιθ΄.

80

اناجبل

Εὐαγγέλια.

Κεκοσμημένον. χάρτης· κθ΄ × κ΄· φ. ρϟβ΄· γρ. κ΄.

81

اناجيل

Εὐαγγέλια.

Χάρτης· κζ΄ × ιη΄· φ. ρπ΄· γρ. ιθ΄.   Μ. Χ. ͵ασνα΄.

82

اناجيل

Εὐαγγέλια.

Πολλὰ φύλλα κατὰ τέλος σητοφαγητά.

Χάρτης· κβ΄ × ιγ΄· φ. σμα΄· γρ. ιζ΄.   Μ. Χ. ͵ασπζ΄.

83

اناجيل

Εὐαγγέλια.

'Ελλειπὲς κατ' ἀρχήν· συριακὰ φύλλα β΄ ἐν μεμβράνῃ ἐν τῷ δεσίμῳ.

Χάρτης· κα΄ × ιδ΄· φ. σϟα΄· γρ. ιγ΄.

84

اناجيل

Εὐαγγέλια.

Χάρτης· κ' × ιδ'· φ. σμδ' ὧν ε' ἑλληνικά· γρ. ιζ'.

85

'Αφῃρημένον.

86

اناجيل

Εὐαγγέλια κατ' ἀναγνώσεις.

Χάρτης· κα' × ιγ'· φ. ρϟγ'· γρ. κ'.

87

اناجيل

Εὐαγγέλια.

Χάρτης· κα' × ιε'· φ. ρπβ'· γρ. ιη'.

88

اناجيل

Εὐαγγέλια.

Χάρτης· κα' × ιδ'· φ. τζ'· γρ. ιε'.

89

اناجيل

Εὐαγγέλια κατ' ἀναγνώσεις.

Χάρτης· κη' × κα'· φ. ρϟδ'· γρ. ιη'. Μ. Χ. ͵ασπζ'.

90

اخبار القديسين

Συναξάριον.

Χάρτης· κβ' × ιδ'· φ. τα'· γρ. ιδ'.

91

اناجيل

Εὐαγγέλια κατ' ἀναγνώσεις.

Χάρτης· κβ' × ιδ'· φ. σμθ'· γρ. ις'. Μ. Χ. ͵ασπθ'.

92

اناجيل

Εὐαγγέλια κατ' ἀναγνώσεις.
'Ελλειπὲς κατ' ἀρχὴν καὶ τέλος.
Χάρτης· ιη' × ιβ'· φ. ρε'· γρ. ιε'.

93

اناجيل

Εὐαγγέλια.
'Ελλειπὲς κατὰ τέλος.
Χάρτης· κθ' × κ'· φ. σκϛ'· γρ. ιε'.

94

اناجيل

Εὐαγγέλια.
Χάρτης· ιθ' × ιβ'· φ. σξε'· γρ. ιϛ'.

95

اناجيل

Εὐαγγέλια.
Χάρτης· ιη' × ιδ'· φ. τκθ'· γρ. ιδ'.　Μ. Χ. ͵ασοβ'.

96

قراات للاعياد

'Αναγνώσεις διὰ τὰς ἑορτάς.
Χάρτης· κγ' × ιε'· φ. τλδ'· γρ. ιϛ'.

97

اناجيل : رسالة الى العبرانيين : اقوال القديسين

Εὐαγγέλια κατ' ἀναγνώσεις.　'Επιστολὴ πρὸς 'Εβραίους.
Λόγοι 'Αγίων.
Χάρτης· ιδ' × ι'· φ. τπγ' ὧν ε' ἄγραφα· γρ. ιδ'.　Μ. Χ. ͵αρκδ'.

98

اناجيل وقراات من رسائل القديس بولص

Εὐαγγέλια καὶ ἀναγνώσεις ἐκ τῶν ἐπιστολῶν τοῦ 'Αγίου
Παύλου.
Χάρτης· ιθ' × ιγ'· φ. σα'· γρ. ιη'.

99

اناجيل

Εὐαγγέλια.

Χάρτης· λ' × κβ'· φ. σθ'· γρ. ιη'. Μ. Χ. ͵ασπ'.

100

اناجيل

Εὐαγγέλια κατ' ἀναγνώσεις.

Ἐλλειπὲς κατὰ τέλος.

Χάρτης· κε' × ιζ'· φ. ρ϶ε'· γρ. ιζ'.

101

فصول من الاناجيل

Ἀναγνώσεις ἐκ τῶν Εὐαγγελίων.

Χάρτης· ιγ' × η'· φ. τη'· γρ. ι'.

102

قراات من الاناجيل

Ἀναγνώσεις ἐκ τῶν Εὐαγγελίων.

Χάρτης· κ' × ιγ'· φ. ση'· γρ. ιε'.

103

اخبار القديسين

Συναξάριον.

Χάρτης· ιδ' × ια'· φ. σ϶ς' ὧν δ' ἄγραφα· γρ. ιβ'.

104

اناجيل

Εὐαγγέλια.

Χάρτης· κα' × ιδ'· φ. σξθ' ὧν γ' ἄγραφα· γρ. ιε'.
Μ. Χ. ͵ασπα'.

105

اناجيل

Εὐαγγέλια.

Χάρτης· κ' × ιγ'· φ. τπ'· γρ. ιε'. Μ. Χ. ͵ατιβ'.

106

اناجيل

Εὐαγγέλια.

Χάρτης· ιη' × ιγ'· φ. ρ϶ε'· γρ. ιδ'. Μ. Χ. ͵αυς'.

107

تفاسير الاناجيل

Ἑρμηνεῖαι τῶν Εὐαγγελίων.
Κατὰ τέλος σητοφαγητόν.
Χάρτης· ιη΄ × ιγ΄· γρ. ιβ΄.

108

اناجيل

Εὐαγγέλια.
Χάρτης· κ΄ × ιδ΄· φ. σμ΄ ὧν πολλὰ ἀσύνδετα· γρ. ιϛ΄.

109

اناجيل

Εὐαγγέλια.
Χάρτης· κ΄ × ιδ΄· φ. σπϛ΄· γρ. ιδ΄.   Μ. Χ. ͵ασπζ΄.

110

اناجيل

Εὐαγγέλια.
Χάρτης· κβ΄ × ιδ΄· φ. σλγ΄· γρ. ιζ΄.

111

اناجيل

Εὐαγγέλια.
Πολλὰ φύλλα κατὰ τέλος σητοφαγητά.
Χάρτης· ιη΄ × ιγ΄· φ. υιγ΄· γρ. ιβ΄. ·

112

اناجيل

Εὐαγγέλια.
Χάρτης· κβ΄ × ιϛ΄· φ. ροε΄ ὧν γ΄ ἄγραφα· γρ. ιε΄.

113

اناجيل

Εὐαγγέλια κατ᾽ ἀναγνώσεις.
Ἐλλειπὲς κατὰ τέλος.
Χάρτης· κε΄ × ιζ΄· φ. ρπα΄· γρ. ιζ΄. ·

114

اناجيل

Εὐαγγέλια κατ᾽ ἀναγνώσεις.
Χάρτης· ιζ΄ × ιβ΄· φ. υξθ΄· γρ. ιγ΄.

115

اناجيل

Ἀναγνώσεις ἐκ τῶν Εὐαγγελίων.
Χάρτης· ιζʹ × ιγʹ· φ. σοηʹ· γρ. ιδʹ.

116

كتاب صلوات

Εὐχολόγιον· ἑλληνιστὶ καὶ ἀραβιστί.
Χάρτης· καʹ × ιεʹ· φ. ρϞηʹ· γρ. ιζʹ.

117

قرارات من الاناجيل

Ἀναγνώσεις ἐκ τῶν Εὐαγγελίων.
Ἐλλειπὲς κατ' ἀρχήν.
Χάρτης· κγʹ × ιϛʹ· φ. ρλθʹ· γρ. ιεʹ.   Μ. Χ. ͵αρλαʹ.

118

قرارات من الاناجيل تقرا فى طول السنة

Ἀναγνώσεις ἐκ τῶν Εὐαγγελίων δι' ὅλον τὸ ἔτος.
Χάρτης· κεʹ × ιζʹ· φ. τλζʹ· γρ. κγʹ.

119

قرارات من الاناجيل

Ἀναγνώσεις ἐκ τῶν Εὐαγγελίων.
Πολὺ διεφθαρμένον ὑπὸ τῶν μυῶν.
Χάρτης· κδʹ × ιζʹ· φ. υλϛʹ· γρ. ιεʹ.

120

قرارات من الاناجيل فى السبوت والاعياد

Ἀναγνώσεις ἐκ τῶν Εὐαγγελίων διὰ τὰ σάββατα καὶ
τὰς ἑορτάς.
Χάρτης· καʹ × ιγʹ· φ. σλαʹ· γρ. ιγʹ.

G. A. M.

121

قراءات من الاناجيل

'Αναγνώσεις ἐκ τῶν Εὐαγγελίων.

Χάρτης· κη΄ × κ΄· φ. τξ΄· γρ. ιη΄.   Μ. Χ. ͵αφλϛ΄.

122

قراءات من الاناجيل

'Αναγνώσεις ἐκ τῶν Εὐαγγελίων.

Ὡραῖον βιβλίον.

Χάρτης· κε΄ × ιζ΄· φ. σκα΄· γρ. ιε΄.   Μ. Χ. ͵ασκη΄.

123

قراءات من الاناجيل

'Αναγνώσεις ἐκ τῶν· Εὐαγγελίων.

Χάρτης· κβ΄ × ιγ΄· φ. ρϟγ΄· γρ. ιε΄.

124

قراءات للاعياد من الاناجيل

'Αναγνώσεις ἐκ τῶν Εὐαγγελίων διὰ τὰς ἑορτάς.

Χάρτης· κα΄ × ιδ΄· φ. σλε΄ ὧν λε΄ ἑλληνιστί· γρ. ιδ΄.

125

قراءات من الاناجيل

'Αναγνώσεις ἐκ τῶν Εὐαγγελίων.

Ἄνευ ἡμίσεος δεσίμου.

Χάρτης· κε΄ × ιϛ΄· φ. σμε΄· γρ. ιε΄.

126

قراءات من الاناجيل

'Αναγνώσεις ἐκ τῶν Εὐαγγελίων.

Ἐλλειπὲς κατὰ τέλος.

Χάρτης· ιη΄ × ιγ΄· φ. τιδ΄· γρ. ιβ΄.

127

Ὡρολόγιον.

Χάρτης· κη΄ × κα΄· φ. σλη΄.

128

قرات من الاناجيل فى السبوت والاعياد

Ἀναγνώσεις ἐκ τῶν Εὐαγγελίων διὰ τὰ σάββατα καὶ τὰς ἑορτάς.

Ἐν τῷ δεσίμῳ φύλλα συριακὰ δ΄· καὶ ἓν φύλλον τετμη-μένον περιέχον κείμενόν τι ἐκ τοῦ Ἁγίου Λουκᾶ ιβ΄· ιθ΄· καὶ Ματθ. ιε΄· ιζ΄· καὶ Λουκᾶ θ΄· ια΄.

Χάρτης· κδ΄ × ιζ΄· φ. σμζ΄. γρ. ιδ΄.

129

قرات من الاناجيل التى تقرا فى طول السنة

Ἀναγνώσεις ἐκ τῶν Εὐαγγελίων δι᾽ ὅλον τὸ ἔτος.

Χάρτης· κς΄ × ιε΄· φ. τϞγ΄· γρ. ιϚ΄.

130

قوانين. قرات من الاناجيل

α΄. Κανόνες. β΄. Ἀναγνώσεις ἐκ τῶν Εὐαγγελίων.

Χάρτης· κθ΄ × ιζ΄· φ. ρλγ΄· γρ. ιζ΄.

131

قرات من الاناجيل

Ἀναγνώσεις ἐκ τῶν Εὐαγγελίων.

Χάρτης· ιζ΄ × ιβ΄· φ. ριε΄· γρ. ιε΄.

132

قرات من الاناجيل

Ἀναγνώσεις ἐκ τῶν Εὐαγγελίων.

Χάρτης· κα΄ × ιδ΄· φ. φιϚ΄· γρ. ιε΄.

133

قرات من الاناجيل

Ἀναγνώσεις ἐκ τῶν Εὐαγγελίων.

Ἡ πρώτη σελὶς ἡ φέρουσα τὸ τίτλον ἐλλειπής.

Χάρτης· ιη΄ × ιγ΄· φ. ρλε΄· γρ. ιδ΄.

134

قراات من الاناجيل

'Αναγνώσεις ἐκ τῶν Εὐαγγελίων.

Χάρτης· κδ΄ × ιϛ΄· φ. σοα΄· γρ. ιη΄.   Μ. Χ. ͵ανγ΄.

135

قراات من الاناجيل

'Αναγνώσεις ἐκ τῶν Εὐαγγελίων.

Πολλὰ φύλλα κατὰ τέλος σητοφαγητά.

Χάρτης· κη΄ × κα΄· φ. σῆ΄· γρ. κδ΄.   Μ. Χ. ͵αφνη΄.

136

'Αφῃρημένον.

137

اناجيل

Εὐαγγέλια κατ' ἀναγνώσεις.

Χάρτης· κ΄ × ιγ΄· φ. τϙγ΄· γρ. ιδ΄.

138

تفسير الاناجيل المقدسة التى تقرا فى الحدود والسبوت
والاعياد

'Ερμηνεία τῶν Εὐαγγελίων τῶν διὰ τὰς Κυριακὰς καὶ τὰ σάββατα καὶ τὰς ἑορτάς.

Φύλλα δ΄ ἐν μεμβράνῃ ἑλληνιστί. πολλὰ φύλλα διεσπασμένα κατὰ τέλος.

Χάρτης· κε΄ × ιϛ΄· φ. τμε΄· γρ. ιη΄.

139

قراات من الاناجيل

'Αναγνώσεις ἐκ τῶν Εὐαγγελίων.

'Ελλειπὲς κατ' ἀρχήν.

Χάρτης· κα΄ × ιδ΄· φ. ρξζ΄· γρ. ιϛ΄.   Μ. Χ. ͵αρπδ΄.

140

قراءات من الإنجيل · قسمة تكوين

'Αναγνώσεις ἐκ τῶν Εὐαγγελίων καὶ ἀπόσπασμα Γενέσεως.

Ἡ πρώτη σελὶς ἐκτμηθεῖσα.

Χάρτης· ις΄ × ιβ΄· φ. ρ΄· γρ. ιγ΄.

141

قراءات من الإنجيل

'Αναγνώσεις ἐκ τῶν Εὐαγγελίων.

Τὸ ἥμισυ συριστί.

Χάρτης· ιθ΄ × ιγ΄· φ. ρκδ΄· γρ. ια΄.

142

تفاسير الإنجيل للاعياد

'Ερμηνεῖαι τῶν Εὐαγγελίων διὰ τὰς ἑορτάς.

Χάρτης· κα΄ × ιη΄· φ. τκγ΄· γρ. ιγ΄.

143

كتاب مواعظ

Κηρύγματα.

Χάρτης· ιη΄ × ιδ΄· φ. ρϞβ΄· γρ. ιθ΄.

144

قراءات من الإنجيل

'Αναγνώσεις ἐκ τῶν Εὐαγγελίων.

Χάρτης· ιζ΄ × ιγ΄· φ. ρε΄· γρ. ιγ΄.

145

مقالات

Κηρύγματα.

Χάρτης· ιθ΄ × ιγ΄· φ. ρξβ΄· γρ. ιε΄.

146

كتاب مقالات

Κηρύγματα.

Χάρτης· κα΄ × ιδ΄· φ. νδ΄· γρ. η΄.

147

اناجيل

Εὐαγγέλια.

Χάρτης· κ΄ × ιδ΄· φ. σοζ΄· γρ. ιε΄.

148

مقالات

Κηρύγματα.

Χάρτης· ιη΄ × ιγ΄· φ. σος΄· γρ. ιη΄.

149

اقوال القديسين

Ἐκ τῶν λόγων τῶν Ἁγίων.

Ἀραβιστὶ καὶ συριστί.

Χάρτης· ιθ΄ × ιγ΄· φ. Ϟγ΄· γρ. ιβ΄.

150

فصول الاناجيل والرسالات

Ἑρμηνεῖαι τῶν Εὐαγγελίων καὶ τῶν Ἐπιστολῶν.

Χάρτης· κδ΄ × ιζ΄· φ. τι΄· γρ. ιη΄.

151

رسالات بولص القديس

Ἐπιστολαὶ τοῦ Ἁγίου Παύλου.

Μεμβράνη· κε΄ × ιη΄· φ. σξη΄· γρ. ιη΄.

152 ⎫
153 ⎬

Ἀφῃρημένα.

154

اعمال الرسول
الرسائل الكثوليكية

Πράξεις τῶν Ἀποστόλων.

Αἱ καθολικαὶ Ἐπιστολαί.

Ἐλλειπὲς κατ᾽ ἀρχὴν καὶ τέλος.

Μεμβράνη· ιη΄ × ιβ΄· φ. ρμα΄· γρ. κ΄.

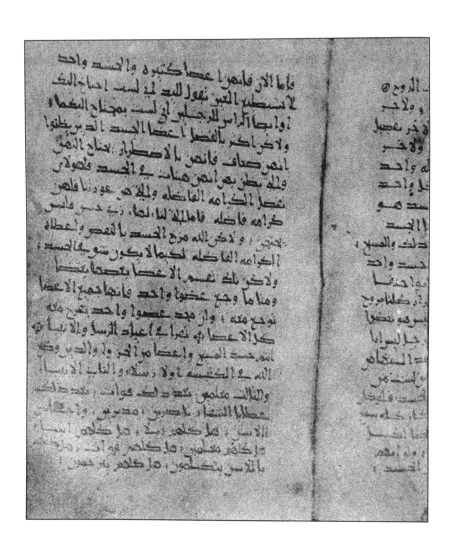

I CORINTHIANS XII. 20.30
№ 155
(From a Photograph by Mrs Lewis)

To face page 23 (Part III.)

155

علم يسو ابن سيراح فى الادب
رسائل بولص القديس الى اهل رومية : قرنثية : غالاطية :
اهل افسس

Σοφία τοῦ Υἱοῦ Σιράχ.

Ἐπιστολαὶ τοῦ Ἁγίου Παύλου πρὸς Ῥωμαίους, Κοριν-
θίους, Γαλάτας, καὶ Ἐφεσίους.

Ἐλλειπὲς κατὰ τέλος.

Μεμβράνη· κ΄ × ιδ΄· φ. σις΄· γρ. κα΄· αἰῶνος θ΄.

156

Συναξάριον.

Χάρτης· κ΄ × ιδ΄· φ. σμδ΄· γρ. ιη΄.

157

Ἀφῃρημένον.

158

اعمال الرسل : رسائل القديس بولص : الرسائل الكثوليكية

Πράξεις τῶν Ἀποστόλων. Ἐπιστολαὶ τοῦ Ἁγίου Παύ-
λου. Αἱ καθολικαὶ Ἐπιστολαί.

Χάρτης· κς΄ × κ΄· φ. ροδ΄· γρ. κα΄.

159

كتاب صلوات

Εὐχολόγιον.

Πολὺ διεφθαρμένον κατ᾽ ἀρχὴν καὶ τέλος.

Χάρτης· κ΄ × ιγ΄· φ. ρξζ΄· γρ. ιζ΄.

160

قرارات للاعياد

Ἀναγνώσεις διὰ τὰς ἑορτάς.

Χάρτης· κ΄ × ιδ΄· φ. σιη΄· γρ. κα΄.

161

رسائل القديس بولس : ابركسس التلاميذ : الرسائل الكثوليكية

'Επιστολαὶ τοῦ 'Αγίου Παύλου. Πράξεις τῶν 'Αποστό-
λων. Αἱ καθολικαὶ 'Επιστολαί.

'Ελλειπὲς κατ' ἀρχὴν καὶ τέλος.

Χάρτης· ιθ' × ιβ'· φ. σοη'· γρ. ιε'.

162

ابركسس : الرسائل الكثوليكية : رسائل بولس القديس :
رسالة للعبرانيين : تفسير

Πράξεις τῶν 'Αποστόλων. Αἱ καθολικαὶ 'Επιστολαί.
'Επιστολαὶ τοῦ 'Αγίου Παύλου. 'Επιστολὴ πρὸς 'Εβραίους
'Ερμηνεία.

Πολὺ διεσπασμένον.

Χάρτης· λα' × κγ'· φ. σϟε'· γρ. ιθ'.

163

قراات من اعمال الرسل ورسائل بولص القديس

'Αναγνώσεις ἐκ τῶν Πράξεων τῶν 'Αποστόλων καὶ ἐκ
τῶν 'Επιστολῶν τοῦ 'Αγίου Παύλου.

Χάρτης· κε' × ιε'· φ. ρλϛ'· γρ. ιζ'.

164

الاناجيل والرسائل

'Αναγνώσεις ἐκ τῶν Εὐαγγελίων καὶ ἐκ τῶν 'Επιστολῶν.

Χάρτης· κϛ' × ιζ'· φ. τνε'· γρ. κα'.

165

رسائل القديس بولص : الرسائل الكثوليكية : مزامير

'Επιστολαὶ τοῦ 'Αγίου Παύλου. Αἱ 'Επιστολαὶ αἱ
καθολικαί. Ψαλμοί.

'Ελλειπὲς κατ' ἀρχὴν καὶ τέλος.

Χάρτης· κγ' × ιζ'· φ. ρξ'· γρ. ιγ'.

166

رسائل القديس بولص

Ἐπιστολαὶ τοῦ Ἁγίου Παύλου.

Χάρτης· ιδ΄ × θ΄· φ. σξβ΄· γρ. ια΄.

167

رسائل القديس بولص

Ἐπιστολαὶ τοῦ Ἁγίου Παύλου.

Χάρτης· κα΄ × ιε΄· φ. ρμ΄· γρ. ις΄.

168

اعمال الرسل ورسائل القديس بولص

Πράξεις τῶν Ἀποστόλων καὶ Ἐπιστολαὶ τοῦ Ἁγίου Παύλου.

Χάρτης· ιζ΄ × ιγ΄· φ. φ΄· γρ. ιγ΄.

169

كتاب القديسين

Συναξάριον.

Ἐλλειπὲς κατ᾽ ἀρχὴν καὶ τέλος.

Χάρτης· κα΄ × ιγ΄· φ. υια΄· γρ. ιε΄.

170

كتاب القديسين

Συναξάριον.

Φύλλα δίστηλα ιγ΄ κατὰ τέλος· μία στήλη κατὰ σελίδα ἑλληνιστί.

Χάρτης· κη΄ × κβ΄· φ. ση΄· γρ. κβ΄.

171

اعمال الرسل ورسائل

Πράξεις τῶν Ἀποστόλων καὶ Ἐπιστολαὶ κατ᾽ ἀναγνώσεις.

Χάρτης· ιη΄ × ιδ΄· φ. το΄· γρ. ιε΄.

G. A. M.   4

172

اعمال الرسل ورسائل

Πράξεις τῶν Ἀποστόλων καὶ Ἐπιστολαὶ κατ' ἀναγνώ-
σεις.

Κατὰ τέλος φύλλα ρέ ἑλληνιστὶ περιέχοντα τὰς ἐπι-
στολὰς τοῦ Ἁγίου Παύλου.

Χάρτης· ιθ' × ιβ'· φ. σοα'· γρ. ιδ'.

173

اعمال الرسل : رسائل بولص القديس والرسائل الكثوليكية

Πράξεις τῶν Ἀποστόλων καὶ Ἐπιστολαὶ τοῦ Ἁγίου
Παύλου κατ' ἀναγνώσεις. Αἱ καθολικαὶ Ἐπιστολαί.

Χάρτης· κα' × ιδ'· φ. σος'· γρ. ιθ'.

174

اعمال الرسول ورسائل

Πράξεις τῶν Ἀποστόλων καὶ Ἐπιστολαὶ κατ' ἀναγνώ-
σεις.

Περιέχει φύλλα β' ἐξ ἄλλου βιβλίου ἐν μεμβράνῃ.

Χάρτης· κε' × ιζ'· φ. ρπέ'· γρ. ιη'.

175

كتاب القديسين

Συναξάριον.

Χάρτης· κθ' × κ'· φ. ρπγ'· γρ. ιθ'.

176

كتاب القديسين

Συναξάριον.

Χάρτης· κζ' × ιη'· φ. σϙβ'· γρ. ιη'.

177

كتاب القديسين

Συναξάριον.

Χάρτης· ιη' × ιδ'· φ. τμ'· γρ. ιβ'.

178

كتاب القديسين

Συναξάριον.

Χάρτης· κ' × ιδ'· φ. σκη'· γρ. ιγ'.

179

كتاب القديسين

Συναξάριον.
Πολὺ διεφθαρμένον.
Χάρτης· κε΄ × ιϛ΄· φ. ρκϛ΄· γρ. κ΄.

180

كتاب المزامير

Ψαλτήριον.
Χάρτης· ιζ΄ × ιγ΄· φ. ρλε΄· γρ. ιβ΄.

181

Ψαλτήριον.
Χάρτης· ιϛ΄ × ιβ΄· φ. ρμβ΄· γρ. ιγ΄.

182

Ἀφῃρημένον.

183

كتاب صلوات

Εὐχολόγιον.
Χάρτης· ιζ΄ × ιβ΄· φ. ρνθ΄· γρ. ιγ΄.

184

كتاب صلوات

Εὐχολόγιον.
Χάρτης· ιγ΄ × η΄· φ. ρξϛ΄· γρ. η΄.

185

كتاب المزامير

Ψἀλτήριον.
Χάρτης· ιζ΄ × ιγ΄· φ. ρπδ΄· γρ. ια΄.

186

كتاب القديسين

Συναξάριον.
Ἐλλειπὲς κατὰ τέλος.
Χάρτης· ιζ΄ × ια΄· φ. ρλ΄· γρ. ια΄.

187

كتاب المزامير

Ψαλτήριον.

Χάρτης· ιδ΄ × ι΄· φ. ۹α΄· γρ. ια΄.

188

كتاب القديسين

Συναξάριον.

Πολὺ διεφθαρμένον.

Χάρτης· ιζ΄ × ιβ΄· φ. σβ΄· γρ. ι΄.

189

كتاب المزامير

Ψαλτήριον.

Πολὺ ἐλλειπές.

Χάρτης· ιζ΄ × ιβ΄· φ. σμ΄· γρ. ιβ΄.

190

Ἀκολουθία.

Χάρτης· ιγ΄ × ι΄· φ. σκϛ΄· γρ. ι΄.

191

Ἀκολουθία.

Χάρτης· ιγ΄ × θ΄· φ. ρπδ΄· γρ. ιη΄.

192

Ἀκολουθία.

Χάρτης· ιδ΄ × ι΄· φ. ρκζ΄· γρ. ι΄.

193

قانون مديح السيدة والدة الاهنا يقال فى هياكل النصرانية
صلاة السواعى

α΄. Κανὼν ἐγκωμιαστικὸς τῆς Παναγίας· ἡ πρώτη
προσευχὴ τῆς νυκτός.

Χάρτης· ιζ΄ × ιβ΄· φ. σκα΄· γρ. ιβ΄.

194

Ἀφῃρημένον.

195

Συναξάριον.
Ῥυπαρὸν καὶ ἐλλειπὲς κατὰ τέλος.
Χάρτης· ιη′ × ιδ′· φ. ρμα′· γρ. ιδ′.

196

كتاب صلوات

Εὐχολόγιον.
Χάρτης· ιε′ × ια′· φ. ργ′· γρ. ιδ′.

197

كتاب صلوات

Εὐχολόγιον.
Πολλὰ φύλλα διεσπασμένα.
Χάρτης· ιδ′ × ι′· φ. ρξη′· γρ. ιζ′.

198

Συναξάριον.
Χάρτης· ιθ′ × ιδ′· φ. σιδ′· γρ. ιε′.

199

Εὐχολόγιον.
Χάρτης· κα′ × ιε′· φ. ρλδ′· γρ. κα′.

200

Συναξάριον.
Χάρτης· κ′ × ιγ′· φ. ροβ′· γρ. ιζ′.

201

كتاب المزامير

Ψαλτήριον.
Ἐλλειπὲς κατ᾽ ἀρχὴν καὶ τέλος.
Χάρτης· ιβ × η′· φ. ριη′· γρ. ια′.

202

Εὐχολόγιον.
Χάρτης· ιη′ × ιβ′· φ. ρμθ′· γρ. ιγ′.

203

كتاب صلوات

Εὐχολόγιον.

Φύλλα τινὰ διεσπασμένα· ἐλλειπὲς κατὰ τέλος.

Χάρτης· ιβ′ × η′· φ. ρμϛ′· γρ. ι′.

204

Ἀκολουθία.

Χάρτης· ιη′ × ιγ′· φ. ριζ′· γρ. ι′.

205

مزامير

Τεμάχιον ψαλτηρίου.

Χάρτης· κ′ × ιγ′· φ. ξα′· γρ. ιε′.

206

كتاب تسابيح

Ὑμνολόγιον.

Χάρτης· ιγ′ × θ′· φ. ρμβ′· γρ. ι′.

207

كتاب صلوات

Εὐχολόγιον.

Χάρτης· ιδ′ × ι′· φ. ροη′· γρ. ιβ′.

208

اطروبارية وصلوات

Τροπάριον καὶ εὐχολόγιον.

Ἐλλειπὲς κατ' ἀρχήν.

Χάρτης· ιε′ × ια′· φ. τγ′ ὧν β′ διεσπασμένα· γρ. ιζ′.

209

اطروبارية ومزامير

Τροπάριον καὶ ψαλτήριον.

Ἐλλειπὲς κατ' ἀρχὴν καὶ τέλος.

Χάρτης· ιζ′ × ιβ′· φ. ρ¹ζ′· γρ. ιβ′.

210

'Ακολουθία.

'Ελλειπὲς κατ' ἀρχὴν καὶ τέλος.

Χάρτης· κ' × ιγ'· φ. ρογ'· γρ. ιδ'.

211

كتاب القديسين

Συναξάριον.

Χάρτης· κ' × ιγ'· φ. ϟϛ'· γρ. ιγ'.

212

'Ακολουθία.

Χάρτης· ιζ' × ιγ'· φ. ριε'· γρ. ια'.

213

كتاب القديسين

Συναξάριον.

Χάρτης· ιη' × ιγ'· φ. ρζ' ὧν ε' ἐν μεμβράνῃ· γρ. ι'.

214

'Ακολουθία.

Χάρτης· κ' × ιγ'· φ. ρκζ'· γρ. ιδ'.

215

كتاب المزامير

Ψαλτήριον.

Χάρτης· ιε' × ια'· φ. ρξα'· γρ. ιβ'.

216

كتاب صلوات

Εὐχολόγιον.

Πολὺ ἐλλειπές.

Χάρτης· ιη' × ιβ'· φ. λβ'· γρ. ι'.

217

كتاب صلوات

Εὐχολόγιον.

Χάρτης· ιγ' × θ'· φ. ρλϛ' ὧν πολλὰ διεφθαρμένα· γρ. ιβ'.

218

كتاب المزامير

Ψαλτήριον.

Χάρτης· ιζ΄ × ιγ΄· φ. νβ΄· γρ. ια΄.

219

تسابيح المقدسة

Ὑμνολόγιον.

Ἐλλειπὲς κατὰ τέλος.

Χάρτης· ιζ΄ × ιβ΄· φ. ρλα΄· γρ. ιβ΄.

220

كتاب القديسين

Συναξάριον.

Χάρτης· ιγ΄ × ι΄· φ. σιδ΄· γρ. ι΄.

221

كتاب القديسين

Συναξάριον.

Ἐλλειπὲς κατὰ τέλος.

Χάρτης· ιγ΄ × ι΄· φ. ροϛ΄· γρ. ιβ΄.

222

قنداقات

Ἀκολουθίαι.

Χάρτης· ιε΄ × ι΄· φ. ρϛ΄ ὧν β΄ ἑλληνιστί· γρ. ιδ΄.

223

افاشين

Ἀκολουθίαι.

Χάρτης· κα΄ × ιϛ΄· φ. ρκγ΄· γρ. ιγ΄.

224

Ἀκολουθία.

Χάρτης· ιδ΄ × ι΄· φ. μβ΄· γρ. ιγ΄.

225

Ἀφῃρημένον.

226

قوانين من عمل القديس يوحنا

Κανόνες τοῦ Ἁγίου Ἰωάννου (Κλίμακος).
Χάρτης· ιδ΄ × ι΄· φ. σλβ΄· γρ. ιβ΄.

227

كتاب صلوات

Εὐχολόγιον.
Συριακὰ φύλλα κε΄ κατ᾽ ἀρχήν.
Χάρτης· ιγ΄ × η΄· φ. σγ΄· γρ. ιγ΄.

228

Εὐχολόγιον.
Χάρτης· ιε΄ × ια΄· φ. σε΄· γρ. ια΄.

229

كتاب صلوات

Εὐχολόγιον.
Χάρτης· ις΄ × ιβ΄· φ. ρλη΄ ὧν β΄ ἐπενθετικά· γρ. ιγ΄.

230

افشين وقانون اندراوس اسقف اقريطش

Ἀκολουθία καὶ κανὼν Ἀνδρέου Ἐπισκόπου Κρήτης.
Χάρτης· ιη΄ × ιγ΄· φ. Ϟς΄· γρ. ιδ΄.

231

اطروباريات

Τροπάρια.
Χάρτης· κα΄ × ιδ΄· φ. Ϟς΄ ὧν τινα ἀσύνδετα· γρ. ιε΄.

232

كتاب المزامير

Ψαλτήριον.
Χάρτης· ιγ΄ × θ΄· φ. τϞη΄· γρ. ιγ΄.

233

كتاب القديسين

Συναξάριον.

Χάρτης· κ΄ × ιδ΄· φ. ριβ΄· γρ. ις΄.

234

قوانين

Κανόνες.

Χάρτης· ις΄ × ια΄· φ. ο΄· γρ. ιε΄.

235

صلوات القديسين

افاشين

طلبة فم الذهب

طلبة يوحنا الدمشقى

طلبة مار افرام

قول القديس سمعان العامودى

قول اسطفانوس الثبانى

من فردوس الرهبان

قول ابينا اشعيا

قول باسيليوس الكبير

خبر نقلة السيدة

عجائب السيدة فى ارض رومية

اقوال فم الذهب

قصة القديس ضوميط

قصة مرثة المغبوطة ريسة بدير والدة الهنا

قوانين

α΄. Εὐχαὶ τῶν Ἁγίων.

β΄. Ἀκολουθίαι.

γ΄. Προσευχὴ τοῦ Ἁγίου Χρυσοστόμου.

δ΄. Προσευχὴ Ἰωάννου Δαμασκηνοῦ.

ε΄. Προσευχὴ Μὰρ Ἐφραίμ.

ς΄. Λόγοι τῶν Ἁγίων Συμεὼν τοῦ Στυλίτου, καὶ Στεφάνου τοῦ Θηβαίτου.

ζ΄. Ἐκ τοῦ Παραδείσου τῶν Μοναχῶν.

η΄. Λόγοι τοῦ Πατρὸς Ἡσαΐου, καὶ τοῦ Ἁγίου Βασιλείου.

θ΄. Ἱστορία ἀναλήψεως τῆς Παναγίας.

ι΄. Θαύματα τῆς Παναγίας ἐν τῇ γῇ Ῥώμης.

ια΄. Λόγοι τοῦ Ἁγίου Χρυσοστόμου.

ιβ΄. Ἱστορία τοῦ Ἁγίου Δομετίου.

ιγ΄. Ἱστορία Μάρθης τῆς Δικαίας Ἡγουμένης τῆς Μονῆς τῆς Θεοτόκου.

ιδ΄. Κανόνες.

Χάρτης· ιε΄ × ι΄· φ. σια΄· γρ. ιδ΄.

236

Ὡρολόγιον.

Χάρτης· ιη΄ × ιβ΄· φ. σι΄· γρ. ια΄.

237

كتاب القديسين

Συναξάριον.

Χάρτης· ιε΄ × ια΄· φ. τπϛ΄· γρ. ιϛ΄.

238

Ὡρολόγιον.

Χάρτης· ιζ΄ × ιγ΄· φ. τνα΄· γρ. ια΄.

239

Ἀφῃρημένον.

240

كتاب لحون

Ὠδαί.

Ἐλλειπὲς κατ᾽ ἀρχὴν καὶ τέλος.

Μεμβράνη· ιζ΄ × ιγ΄· φ. ρϞε΄· γρ. ιβ΄.

241

قانون التوبة عمل اندراوس اسقف جزيرة
اطروبارية القديس اندراوس

5—2

α'. Κανὼν τῆς Μετανοίας ὑπὸ ᾿Ανδρέου ᾿Επισκόπου Γεζίρης.

β'. Ζώνη τῆς κτίσεως.

γ'. Τροπάριον τοῦ ῾Αγίου ᾿Ανδρέου.

῝Εν φύλλον ἐλλειπὲς κατὰ μέσον.

Μεμβράνη· ιϛ' × ιβ'· φ. ρλγ'· γρ. ι'.

242

تفسير اطروباريات القيامة : النسوة الحاملات الطيب
تسابيح
قول القديس يوحنا فم الذهب

α'. ῾Ερμηνεία τῶν τροπαρίων περὶ τῶν μυροφόρων γυναικῶν.

β'. ῞Υμνοι.

γ'. Λόγος τοῦ ῾Αγίου Χρυσοστόμου.

Χάρτης· ιζ' × ιβ'· φ. ρϟε'· γρ. ιβ'.

243

Συναξάριον.

Χάρτης· ιϛ' × ιβ'· φ. σλβ'· γρ. ιβ'.

244

Συναξάριον.

Χάρτης· ιη' × ιγ'· φ. τκθ'· γρ. ιϛ'.

245

قنداق السيدة الطاهرة مارة مريم
تفسير ما يقال من الاستبشار طول السنة
شهر ايلول · ذكر القديس سمعان العمودى ومن معه ترتيب
لراس السنة

α'. Λειτουργία τῆς ῾Αγίας Μαρίας.

β'. ῾Ερμηνεία τῶν Εὐαγγελίων δι' ὅλον τὸ ἔτος.

Εἰς τὸν μῆνα Σεπτέμβριον.

γ'. Μνήμη τοῦ ῾Αγίου Συμεὼν τοῦ Στυλίτου καὶ τῶν ἑταίρων αὐτοῦ διὰ τὴν ἡμέραν τοῦ νέου ἔτους.

Χάρτης· ιθ' × ιγ'· φ. τμα'· γρ. ιθ'.

246

اننا البارة من سمر المصرية

Βίος τῆς δικαίας ('Άννας;) τῆς Αἰγυπτίας.
Χάρτης· ις' × ια'· φ. ξη'· γρ. ιε'.

247

ميامر فم الذهب

Κηρύγματα τοῦ Ἁγίου Χρυσοστόμου.
Χάρτης· ιζ' × ιβ'· φ. σνγ'· γρ. ια'.

248

قانون خشوعى من عمل القديس اندراوس اسقف جزيرة

Κανὼν μετανοητικὸς ὑπὸ τοῦ Ἁγίου Ἀνδρέου Ἐπι-
σκόπου Γεζίρης (Ἐδέσσης).
Χάρτης· ιδ' × ια'· φ. ση'· γρ. ι'.

249

شهادة المسيحية كترينا

Μαρτύριον τῆς Ἁγίας Αἰκατερίνης.
Χάρτης· ιδ' × ι'· γρ. ιε'.

250

قوانين السبت :
قانون خشوعى من عمل القديس اندراوس اسقف اقريطش
قصة عبد الله المسمى رجل الله وتدبيره الحسن المرضى لله
(كان فى مدينة رومية رجل يقال له افيمنانوس فى زمان
ملك ارقاديوس واناريوس الملك)

α'. Κανόνες τοῦ Σαββάτου.
β'. Κανὼν μετανοητικὸς ὑπὸ τοῦ Ἁγίου Ἀνδρέου Ἐπι-
σκόπου Κρήτης.
γ'. Ἱστορία δούλου θεοῦ τὸ ὄνομα αὐτοῦ (Γάδειρος;).
[Ἦν ἐν Ῥώμῃ τῇ πόλει ἀνὴρ τὸ ὄνομα αὐτοῦ (Εὐφήμιος;)
κατὰ τοὺς χρόνους τῶν Βασιλέων Ἀρκαδίου καὶ Ὀνορίου.]·
Χάρτης· κα' × ιγ'· φ. τθ'· γρ. ιε'.

251

من صلوات الابهات القديسين

Ἐκ τῶν προσευχῶν τῶν ἁγίων Πατέρων.
Χάρτης· κα΄ × ιε΄· φ. ργ΄· γρ. κα΄.

252

Συναξάριον.
Χάρτης· ιη΄ × ιδ΄· φ. ρο΄ ὦν η΄ ἄγραφα· γρ. ι΄.

253

ما يقال من الاستسرار فى ليلة الاحد المعروف بالفريسى

Προσευχαὶ ἐν καιρῷ ἐκλείψεως σελήνης κατὰ τὴν νύκτα
τῆς Κυριακῆς τῆς λεγομένης τοῦ Φαρισαίου. Μετ' ἐρυθρῶν
ἑλληνικῶν στοιχείων.
Χάρτης· ιζ΄ × ιγ΄· φ. ρμς΄ ὦν γ΄ ἄγραφα· γρ. ιβ΄.

254

مقالات

Διδασκαλίαι (ἀγνώστου).
Χάρτης· κ΄ × ιε΄· φ. μ΄ ὦν ς΄ ἄγραφα· γρ. κγ΄.

255

قانون خشوعى تجب ان تصلى به الرهبان فى كل وقت
مستخرج من الاكثاهس

Κανὼν μετανοητικὸς διὰ τοὺς Μοναχοὺς τοὺς θέλοντας
ἐξελθεῖν ἐκ τοῦ ἀγαθοῦ.
Χάρτης· ιζ΄ × ιγ΄· φ. ροδ΄· γρ. ιε΄.

256

Τροπάριον.
Χάρτης· ιζ΄ × ιγ΄· φ. ρνα΄· γρ. ιγ΄.

257

Ἔντυπον.

258

'Ακολουθία· έλληνιστὶ καὶ άραβιστί.
Χάρτης· κα' × ιδ'· φ. σπγ'· γρ. ιε'.

259

Ὡρολόγιον.
Πολλὰ φύλλα κατ' ἀρχὴν φρικτῶς διεσπασμένα.
Χάρτης· ιε' × ι'· φ. ριζ'· γρ. ιη'.

260

Λειτουργία.
Χάρτης· ιθ' × ια'· φ. μδ' ὧν γ' φρικτῶς διεσπασμένα.

261

'Ακολουθία.
Χάρτης· φύλλα ρπβ' έλληνιστὶ καὶ νη' άραβιστί.

262

'Αφῃρημένον.

263

'Ακολουθία έλληνιστὶ καὶ άραβιστί.
Χάρτης· ιβ' × θ'· φ. ρξγ'· γρ. ιβ'.

264

Συναξάριον.
Χάρτης· κδ' × ις'· φ. ση'· γρ. ιζ'.   Μ. Χ. ͵αφοδ'.

265

ترتيب الكنائس

Τάξις τῶν Ἐκκλησιῶν.
Χάρτης· ιζ' × ιβ'· φ. ρλη'· γρ. ιε'.

266

Συναξάριον.
Χάρτης· ιη' × ιγ'· φ. ρλ'· γρ. ιζ'.

267

ترتيب كنائس ونظام

Τάξις τῶν Ἐκκλησιῶν.

Χάρτης· ιθ΄ × ιδ΄· φ. τξα΄· γρ. ιε΄.

268

مصحف ديونوسيوس تلميذ الرسول بولص قاضى اساقفة الاثينا

Βιβλίον Διονυσίου μαθητοῦ Παύλου Ἀποστόλου, Ἡγου-
μένου τῶν Ἐπισκόπων τῶν Ἀθηνῶν.

Χάρτης· κε΄ × ιζ΄· φ. τιθ΄· γρ. ιε΄.

269

كتاب القديس الفاضل اقليمس تلميذ السليح سمعان بطرس
الصفا بن يونا راس تلاميذ ربنا الاهنا مخلصنا يسوع المسيح

Βιβλίον τοῦ Ἁγίου καὶ εὐγενοῦς Κλήμεντος Μαθητοῦ
Σίμωνος Πέτρου Κηφᾶ Ἀποστόλου, υἱοῦ Ἰωνᾶ, Ἡγουμένου
τῶν Μαθητῶν τοῦ Κυρίου καὶ Θεοῦ καὶ Σωτῆρος ἡμῶν
Ἰησοῦ Χριστοῦ.

Χάρτης· ιθ΄ × ιγ΄· φ. τδ΄ ὧν β΄ διεσπασμένα· γρ. ια΄.

270

مقالات باسيليوس الكبير

Κηρύγματα τοῦ μεγάλου Βασιλείου.

Χάρτης· κ΄ × ιε΄· φ. υπα΄· γρ. ιδ΄.

271

لابينا المعظم فى القديسين باسيليوس ريس اساقفة قيسارية

Σύγγραμμα τοῦ Μεγάλου καὶ Ἁγίου Βασιλείου Ἡγου-
μένου τῶν Ἐπισκόπων Καισαρείας.

Χάρτης· κε΄ × ις΄· φ. σκη΄· γρ. κ΄.

272

تفاسير

Ἑρμηνεία τῶν Ἁγίων Γραφῶν.
Χάρτης· κα΄ × ιδ΄· φ. ξθ΄ ὧν γ΄ ἄγραφα· γρ. ιδ΄.

273

ميامر القديس اغريغوريوس

Κηρύγματα τοῦ Ἁγίου Γρηγορίου.
Χάρτης· κϛ΄ × ιζ΄· φ. φι΄· γρ. ιζ΄.

274

ميامر القديس اغريغوريوس الثاولوغس

Κηρύγματα τοῦ Ἁγίου Γρηγορίου Θεολόγου.
Χάρτης· κε΄ × ιϛ΄· φ. νξ΄ γρ. ιη΄.

275

مقالات القديس اغريغوريوس

Κηρύγματα τοῦ Ἁγίου Γρηγορίου.
Χάρτης· κδ΄ × ιζ΄· φ. τμδ΄· γρ. ιζ΄.

276

مقالات القديس اغريغوريوس

Κηρύγματα τοῦ Ἁγίου Γρηγορίου.
Χάρτης· κδ΄ × ιϛ΄· φ. τνε΄· γρ. ιζ΄.   Μ. Χ. ͵αχμα΄.

277

قول القديس اغريغوريوس في القيامة

Λόγος τοῦ Ἁγίου Γρηγορίου περὶ τῆς Ἀναστάσεως.
Μεμβράνη· ιϛ΄ × ιγ΄· φ. π΄· γρ. ιβ΄.

278

مقالات القديس اغريغوريوس

Κηρύγματα τοῦ Ἁγίου Γρηγορίου.
Χάρτης· κ΄ × ιγ΄· φ. σϟδ΄· γρ. ιϛ΄.

G. A. M.

6

279

مقالات القديس اغريغوريوس

Κηρύγματα τοῦ Ἁγίου Γρηγορίου.

Δίστηλον κατ᾽ ἀρχήν· ἐλλειπὲς κατ᾽ ἀρχὴν καὶ τέλος.

Χάρτης· ιθ΄ × ιγ΄· φ. ριβ΄· γρ. ιθ΄.

280

مقالات القديس فم الذهب

Κηρύγματα τοῦ Ἁγίου Χρυσοστόμου.

Χάρτης· κϛ΄ × κ΄· φ. σϙδ΄· γρ. ιϛ΄.

281

مقالات القديس فم الذهب

Κηρύγματα τοῦ Ἁγίου Χρυσοστόμου.

Χάρτης· κϛ΄ × ιζ΄· φ. τπζ΄· γρ. ιη΄.

282

مقالات القديس فم الذهب

Κηρύγματα τοῦ Ἁγίου Χρυσοστόμου.

Χάρτης· κϛ΄ × ιθ΄· φ. σι΄· γρ. κϛ΄.

283

٦٧ مقالات

Κηρύγματα ξζ΄ (ἀγνώστου).

Ἐλλειπὲς κατ᾽ ἀρχὴν καὶ τέλος.

Χάρτης· κζ΄ × κ΄· φ. σνε΄· γρ. κα΄.

284

مقالات يوحنا فم الذهب

Κηρύγματα τοῦ Ἁγίου Ἰωάννου Χρυσοστόμου.

Χάρτης· ιζ΄ × ιγ΄· φ. σοδ΄· γρ. ιδ΄.

285

مسائل فمر الذهب
العظة الخامسة عشرة اذا عشنا فى كل فضائل
مقالة له سادسة عشرة

Κηρύγματα τοῦ Ἁγίου Χρυσοστόμου· τὸ δέκατον πέμπτον καὶ τὸ δέκατον ἕκτον.

Χάρτης· κβ΄ × ις΄· φ. τλβ΄· γρ. ιζ΄.   Μ. Χ. ͵ασ΄.

286

مقالات ٣٦

Κηρύγματα λς΄ (ἀγνώστου).
Ἐλλειπὲς κατ᾽ ἀρχήν.
Χάρτης· κε΄ × ιη΄· φ. τνε΄· γρ. ιθ΄.

287

اعمال فمر الذهب القديس

Συγγράμματα τοῦ Ἁγίου Χρυσοστόμου.
Χάρτης· κε΄ × ιζ΄· φ. ρπθ΄· γρ. ις΄.

288

Λόγος εὐαγγελικός.
Χάρτης· κς΄ × κ΄· φ. ρνγ΄· γρ. ιη΄.   Μ. Χ. ͵ασιγ΄.

289

مقالات فمر الذهب

Κηρύγματα τοῦ Ἁγίου Χρυσοστόμου.
Χάρτης· κδ΄ × ιε΄· φ. φιθ΄· γρ. ιη΄.

290

مقالات فمر الذهب

Κηρύγματα τοῦ Ἁγίου Χρυσοστόμου.
Χάρτης· κε΄ × ιζ΄· φ. σηʹ· γρ. ις΄.   Μ. Χ. ͵ασιθ΄.

291

مقالات ٤٣

Κηρύγματα μγ΄ (ἀγνώστου).
Ἐλλειπὲς κατ᾽ ἀρχὴν καὶ τέλος.
Χάρτης· κε΄ × ις΄· φ. νε΄· γρ. ιζ΄.

292

مقالات فم الذهب

Κηρύγματα τοῦ Ἁγίου Χρυσοστόμου.
Χάρτης· κε΄ × ις΄· φ. τοζ΄· γρ. ιζ΄.

293

مقالات فم الذهب
تفسير بشارة يوحنا الانجيلى

α΄. Κηρύγματα Χρυσοστόμου.
β΄. Ἑρμηνεία τοῦ Εὐαγγελίου Ἰωάννου.
Χάρτης· κα΄ × ιδ΄· φ. σ٢΄· γρ. ις΄.

294

مقالات

Κηρύγματα (ἀγνώστου).
Ἐλλειπὲς κατ᾽ ἀρχὴν καὶ τέλος· ἄνευ δεσίμου καὶ τίτλου.
Χάρτης· κ΄ × ιδ΄· φ. νος΄· γρ. ιδ΄.

295

Συναξάριον.
Χάρτης· κ΄ × ιγ΄· φ. πϛ΄· γρ. ιδ΄.

296

من قول فم الذهب

Λόγος τοῦ Ἁγίου Χρυσοστόμου.
Χάρτης· κ΄ × ιγ΄· φ. τνζ΄· γρ. ιζ΄.

297

مقالات

Κηρύγματα ἀγνώστου.
Ἐλλειπὲς κατ' ἀρχὴν καὶ τέλος· ἄνευ τίτλου.
Χάρτης· ιζ' × ιγ'· φ. σνε'· γρ. ιδ'.

298

مقالات يوحنا الدمشقى

Κηρύγματα Ἰωάννου Δαμασκηνοῦ.
Ἐλλειπὲς κατ' ἀρχὴν καὶ τέλος.
Χάρτης· κα' × ιδ'· φ. ρϞα'· γρ. ιε'.

299

مقالات فم الذهب

Κηρύγματα τοῦ Ἁγίου Χρυσοστόμου.
Χάρτης· κβ' × ιδ'· φ. τια'· γρ. ιζ'.

300

مقالات

Κηρύγματα (ἀγνώστου).
Ἐλλειπὲς κατ' ἀρχήν· ἄνευ τίτλου.
Χάρτης· κγ' × ιϛ'· φ. ρξα'· γρ. ιε'.

301

ميامر فم الذهب

Κηρύγματα τοῦ Ἁγίου Χρυσοστόμου.
Χάρτης· κβ' × ιδ'· φ. σλθ'· γρ. ιη'.

302

مقالات فم الذهب
رسالة القديس بولص الى العبرانيين

α'. Κηρύγματα τοῦ Ἁγίου Χρυσοστόμου.
β'. Ἐπιστολὴ τοῦ Ἁγίου Παύλου πρὸς Ἑβραίους.
Χάρτης· κβ' × ιδ'· φ. σκε'· γρ. ιζ'.

303

مقالات فم الذهب ٣٤

Κηρύγματα λδ΄ τοῦ Ἁγίου Χρυσοστόμου.

Χάρτης· κε΄ × ιζ΄· φ. τκθ΄· γρ. ιδ΄.

304

ميامر

Λόγοι ἀγνώστου.

Χάρτης· κε΄ × ιζ΄· φ. τκα΄· γρ. κγ΄.

305

مقالات فم الذهب

Κηρύγματα τοῦ Ἁγίου Χρυσοστόμου.

Χάρτης· κ΄ × ιδ΄· φ. σα΄· γρ. ιϛ΄.

306

مقالات يوحنا الدمشقى فم الذهب والخ

Κηρύγματα Ἰωάννου Δαμασκηνοῦ, καὶ Χρυσοστόμου κ.τ.λ.

Χάρτης· κ΄ × ιε΄· φ. τμϛ΄· γρ. ιζ΄.

307

من يوحنا الذهبى الفم
من العجيبة التى صنعها مخايل ريس الملائكة

α΄. Λόγος Χρυσοστόμου.

β΄. Θαῦμα Μιχαὴλ Ἀρχαγγέλου.

Ἐλλειπὲς κατ᾽ ἀρχήν.

Χάρτης· ιζ΄ × ιβ΄· φ. σϟβ΄· γρ. ιβ΄.

308

مقالات فم الذهب

Κηρύγματα τοῦ Ἁγίου Χρυσοστόμου.

Χάρτης· κϛ΄ × ιζ΄· φ. υκε΄.

309

من قول قرلس

Λόγος τοῦ Ἁγίου Κυρίλλου.

Χάρτης· κϛ΄ × ιϛ΄· φ. σλζ΄· γρ. κα΄.

310

'Αφηρημένον.

311

القديس افرام عظه لتقويم المستسرين

قول فى تذكر الالام باعتراف وشكر

قول تحضيض الى التوبة

قول يشتمل على شكر الرب بتشبيع

فى الابا المتوفين

على النفس ان اجربها العبرة

على تشبيع النفس

عن الصبر

عن الانقضا

عن محبى المسيح

Τοῦ ῾Αγίου ᾽Εφραίμ·

α΄. Λόγος περὶ μεταρρυθμίσεως τῶν μυστηρίων.

β΄. Περὶ μνήμης τῶν παθῶν ἐν μετανοίᾳ καὶ εὐχαριστίᾳ.

γ΄. Προτροπὴ εἰς τὴν μετάνοιαν.

δ΄. Περὶ εὐχαριστίας τοῦ Κυρίου ὑπὸ τῶν κορεσθέντων.

ε΄. Λόγος εἰς Πατέρας τελειωθέντας.

ϛ΄. Περὶ τῆς ψυχῆς ὑπὸ λύπης πειρασμένης.

ζ΄. Περὶ τῆς κορεσθείσης ψυχῆς.

η΄. Περὶ ὑπομονῆς.

θ΄. Περὶ θανάτου.

ι΄. Περὶ τῶν τὸν Χριστὸν ἀγαπώντων.

᾽Ελλειπὲς κατ᾽ ἀρχὴν καὶ τέλος.

Μεμβράνη· κϛ΄ × ιη΄· φ. τξβ΄· γρ. ιη΄.

312

عمل مار افرام

Σύγγραμμα Μὰρ ᾽Εφραίμ.

Δίστηλον· ἐλλειπὲς κατ᾽ ἀρχὴν καὶ τέλος.

Μεμβράνη· κη΄ × κα΄· φ. νϛ΄· γρ. κα΄.

313

اعمال مار افرام

Συγγράμματα τοῦ Ἁγίου Ἐφραίμ.

Χάρτης· κδ΄ × ιδ΄· φ. νο΄· γρ. ιϛ΄.

314

مقالات مار افرام

Κηρύγματα Ἐφραὶμ Σύρου.

Ἐλλειπὲς κατ᾽ ἀρχὴν καὶ τέλος.

Χάρτης· κε΄ × ιζ΄· φ. υμ΄· γρ. κγ΄.

315

تعليم مار افرام السرياني

Διδασκαλία τοῦ Ἁγίου Ἐφραὶμ Σύρου.

Χάρτης· κθ΄ × κα΄· φ. σκδ΄· γρ. κβ΄.

316

مقالات مار افرام

Κηρύγματα τοῦ Ἁγίου Ἐφραίμ.

Χάρτης· ιζ΄ × ιγ΄· φ. σοη΄· γρ. κγ΄.

317

رسالة يوحنا الدمشقى الى قزما اسقف مدينة مايوما : ينبوع الذهب تصنيف الامانة

Ἐπιστολὴ Ἰωάννου Δαμασκηνοῦ πρὸς Κοσμᾶν Ἐπίσκοπον Μαϊουμᾶ. Ἡ κρίσις τῆς πίστεως πηγὴ χρυσοῦ.

Χάρτης· κδ΄ × ιζ΄· φ. υξ΄· γρ. ιζ΄.

318

رسالة يوحنا الدمشقى
مقالات

α΄. Ἐπιστολὴ Ἰωάννου Δαμασκηνοῦ.

β΄. Κηρύγματα.

Διεφθαρμένον ὑπὸ σέων.

Χάρτης· ιζ΄ × ιγ΄· φ. υμα΄· γρ. ιβ΄.

319

١٠٠ مقالات عمل يوحنا القس الدمشقي

Κηρύγματα ρ΄ γεγραμμένα ὑπὸ Ἰωάννου Δαμασκηνοῦ Πρεσβυτέρου.

Χάρτης· κβ΄ × ιδ΄· φ. τνθ΄· γρ. ιε΄.

320

خروج من بلاد الخبث الى بيت المقدس

Ἔξοδος ἐκ τῆς οἰκίας τῆς πονηρίας εἰς τὸν ἅγιον οἶκον. (Ἰερουσαλήμ.)

Χάρτης· ιη΄ × ιβ΄· φ. σιη΄· γρ. ιε΄.

321

خبر يوحنا الراهب من بلاد الهند

Ἰστορία Ἰωάννου τοῦ Μοναχοῦ τοῦ ἐξ Ἰνδίας.

Χάρτης· ιη΄ × ιγ΄· φ. σϙδ΄· γρ. ιδ΄.

322

دخول من بلاد الخبث الى بيت المقدس

Εἴσοδος ἐκ τῆς χώρας τῆς πονηρίας εἰς τὸν ἅγιον οἶκον. (Ἰερουσαλήμ.)

Χάρτης· ιη΄ × ιδ΄· φ. σκβ΄· γρ. ιζ΄.

323

المستخرج من داخل بلاد الخبث الى بيت المقدس من يوحنا الدمشقي

Ἔξοδος ἐκ τῆς χώρας τῆς πονηρίας εἰς τὸν ἅγιον οἶκον. (Ἰερουσαλήμ.) Σύγγραμμα Ἰωάννου Δαμασκηνοῦ.

Χάρτης· ιϛ΄ × ια΄· φ. τϛ΄· γρ. ιγ΄.

324

اقوال اقلميقس والخ

Λόγοι τοῦ Ἁγίου Κλίμακος κ.τ.λ.

Πολὺ διεφθαρμένον ἄνευ δεσίμου καὶ τίτλου· ποντικο-φάγημα.

Χάρτης· κβ΄ × ιε΄· φ. σιε΄· γρ. ιη΄.

325

مواعظ القديس ثاوذوروس ريس دير الاسطق

Κηρύγματα τοῦ Ἁγίου Θεοδώρου Ἡγουμένου τῆς Μονῆς τοῦ Στουδίου.

Χάρτης· ιε΄ × ι΄· φ. σοα΄· γρ. ιδ΄.

326

تعليم

Διδαχὴ (ἀγνώστου).

Ἐλλειπὲς κατ᾽ ἀρχήν.

Χάρτης· κδ΄ × ιζ΄· φ. σιδ΄· γρ. ια΄.

327

قول مكسميوس ثاودوسيوس والخ

Λόγοι Μαξίμου, Θεοδοσίου, κ.τ.λ.

Χάρτης· κδ΄ × ιε΄· φ. ροθ΄· γρ. ιζ΄.

328

كتاب القديس مكسيمس المعترف

القديس ثلاسيوس الفيلسوف

رسالة القديس كاسيانوس الرومانى الى كاسطر ريس احد

اذيرة بلاد الغرب من اجل ترتيب قوانين الرهبان

قول مار اسحاق

مسائل مار سمعان العامودى

من اسحاق الفيلسوف

مسائل القديس مار سمعان الحبيس

اقوال بنيمن وابينا موسى فى الاسقيط

α. Βιβλίον τοῦ Ἁγίου Μαξίμου Ὁμολογητοῦ.

β΄. Τοῦ Ἁγίου Θαλασσίου φιλοσόφου.

γ΄. Ἐπιστολὴ τοῦ Ἁγίου Κασσιανοῦ Ῥωμαίου πρὸς Κάστορα Ἡγούμενον ἑνὸς Μοναστηρίου τῆς Ἑσπέρας περὶ κόσμου τῶν κανόνων τῶν Μοναχῶν.

δ΄. Λόγος Μὰρ Ἰσαάκ.

ε΄. Συζητήσεις Μὰρ Σίμωνος τοῦ Στυλίτου.

ϛ΄. Λόγος Ἰσαὰκ φιλοσόφου.

ζ΄. Συζητήσεις τοῦ Ἁγίου Μὰρ Σίμωνος τοῦ Ἐρημίτου.

η΄. Λόγοι Βενϊαμὶν καὶ τοῦ πατρὸς ἡμῶν Μωϋσέως ἐν τῇ Σκήτι.

Χάρτης· κ΄ × ιε΄· φ. σνζ΄ ὧν ἡ΄ ἄγραφα· γρ. ιθ΄.

329

من قول ماري دوروثيوس القديس والخ

Λόγοι τοῦ Ἁγίου Δωροθέου κ.τ.λ.

Ἐλλειπὲς κατ᾽ ἀρχὴν καὶ τέλος· φύλλα χάρτινα κβ΄ προτιθέντα.

Μεμβράνη· ιϛ΄ × ιγ΄· φ. σπθ΄· γρ. κα΄· αἰῶνος θ΄.

330

ميامر

Κηρύγματα (ἀγνώστου).

Ἐλλειπὲς κατ᾽ ἀρχὴν καὶ διεσπασμένον κατὰ τέλος.

Χάρτης· ιϛ΄ × ιγ΄· φ. τπδ΄· γρ. ιη΄.

331

٣٠. مقالات اقليمقس

Κηρύγματα λ΄ τοῦ Ἁγίου Κλίμακος.

Χάρτης· κδ΄ × ιϛ΄· φ. σι΄· γρ. ιη΄.

332

مقالات

Κηρύγματα (ἀγνώστου).

Ἐλλειπὲς κατ᾽ ἀρχήν.

Χάρτης· κβ΄ × ιε΄· φ. τϟβ΄· γρ. ιδ΄.

333

ميامر

Κηρύγματα (ἀγνώστου).

Ἐλλειπὲς κατ᾽ ἀρχὴν καὶ τέλος· ἄνευ δεσίμου καὶ τίτλου.

Χάρτης· κα΄ × ιδ΄· φ. ρξθ΄· γρ. ιη΄.

334

مصحف نرى طريق الجرى للذين هم مسرعين ان يكتبوا
اسماهم فى مصحف الحياة فى السماوات
سيرة اقليمقس ريس طور سينا :
رسالات ومقالات

α΄. Βιβλίον λαμπρὸν δεικνὺν τὴν ὁδὸν τῶν σπευδόντων
γράφειν τὰ ὀνόματα αὐτῶν ἐν τῷ βιβλίῳ τῆς ζωῆς τῷ ἐν τῷ
οὐρανῷ.

β΄. Βίος Κλίμακος Ἡγουμένου τῆς Μονῆς τοῦ Ὄρους
Σινᾶ.

γ΄. Ἀλληλογραφία καὶ Κηρύγματα αὐτοῦ.

Χάρτης· κθ΄ × κα΄· φ. ρϟ΄· γρ. ιη΄.

335

مصحف طريق فاضلة الجرى للذين هم مسرعين ان يكتبوا
اسماهم فى مصحف الحياة فى السماوات :
سيرة يوحنا ريس طور سينا وميامره

α΄. Βιβλίον τῆς καλῆς ὁδοῦ τῶν σπευδόντων γράφειν
τὰ ὀνόματα αὐτῶν ἐν τῷ βιβλίῳ τῆς ζωῆς τῷ ἐν τῷ
οὐρανῷ.

β΄. Βίος καὶ Κηρύγματα Ἰωάννου Ἡγουμένου τοῦ Ὄρους
Σινᾶ.

Χάρτης· ιη΄ × ιγ΄· φ. σκϛ΄· γρ. ιε΄.

336

عظة مار يوحنا المسمى اقليمقس ريس طور سينا
رسالة ابينا ريس طور سينا اقليمقس · جواب عن هذه الرسالة
الموتنف كتبها اليه ابينا يوحنا ريس راية

α΄. Κήρυγμα Ἰωάννου Κλίμακος Ἡγουμένου τοῦ ἐν
Σινᾷ Μοναστηρίου.

β΄. Ἀλληλογραφία αὐτοῦ καὶ Ἰωάννου Ἡγουμένου
Ραϊθοῦ (Τώρ).

Χάρτης· κε΄ × ιϛ΄· φ. σκϛ΄· γρ. ιζ΄.

337

خبر يوحنا اقليمقس ريس طور سينا
ميامر ورسالات

αʹ. Βίος Ἰωάννου Κλίμακος Ἡγουμένου τοῦ Ὄρους Σινᾶ.

βʹ. Κηρύγματα καὶ Ἀλληλογραφία.

Χάρτης· καʹ × ιεʹ· φ. σϟϛʹ· γρ. ιδʹ.

338

مصحف طريق فاضلة المجرى للذين هم مسرعين ان يكتبوا
اسماهم فى مصحف الحياة
سيرة يوحنا ريس طور سينا وميامر

αʹ. Βιβλίον τῆς καλῆς ὁδοῦ τῶν σπευδόντων γράφειν τὰ ὀνόματα αὐτῶν ἐν τῷ βιβλίῳ τῆς ζωῆς.

βʹ. Βίος Ἰωάννου Ἡγουμένου τοῦ Ὄρους Σινᾶ καὶ Κηρύγματα αὐτοῦ.

Ἐλλειπὲς κατὰ τέλος.

Χάρτης· κϛʹ × ιζʹ· φ. ρξβʹ· γρ. ιθʹ.

339

مقالات يوحنا ريس دير طور سينا

Κηρύγματα Ἰωάννου Ἡγουμένου τοῦ Ὄρους Σινᾶ.

Χάρτης· καʹ × ιεʹ· φ. ροθʹ· γρ. ιεʹ.   Μ. Χ. ͵αψλθʹ.

340

مقالات اقليمقس

Κηρύγματα τοῦ Ἁγίου Κλίμακος.

Χάρτης· κγʹ × ιϛʹ· φ. τκεʹ· γρ. ιγʹ.

341

قصة ثاوذرس وميامره

Βίος καὶ Κηρύγματα τοῦ Ἁγίου Θεοδώρου.

Ἄνευ τίτλου· ἐλλειπὲς κατʼ ἀρχὴν καὶ τέλος.

Χάρτης· καʹ × ιδʹ· φ. ρνδʹ· γρ. ιεʹ.

342

مقالات القديس يوحنا ريس طور سينا

Κηρύγματα τοῦ Ἁγίου Ἰωάννου Ἡγουμένου τοῦ Ὄρους Σινᾶ.

Χάρτης· κα′ × ις′· φ. ρμγ′· γρ. κα′.

343

مقالات وسيرة القديس يوحنا ريس طور سينا

Κηρύγματα καὶ Βίος τοῦ Ἁγίου Ἰωάννου Ἡγουμένου τοῦ Ὄρους Σινᾶ.

Ἔντυπον μετὰ εἰκόνος.

344

رسالات اقليمقس ويوحنا ريس دير راية

Ἀλληλογραφία τοῦ Ἁγίου Κλίμακος καὶ Ἰωάννου Ἡγουμένου Ραϊθοῦ.

Χάρτης· κς′ × ιη′· φ. σις′· γρ. ιζ′.

345

مقالات مار اسحاق

Κηρύγματα Μὰρ Ἰσαάκ.

Χάρτης· κς′ × ιζ′· φ. σνγ′· γρ. ιζ′.

346

مقالات مار اسحاق

Κηρύγματα Μὰρ Ἰσαάκ.

Ἐλλειπὲς κατὰ τέλος.

Χάρτης· κγ′ × ις′· φ. τκα′· γρ. ις′.

347

مقالات مار اسحاق ومار افرام

Κηρύγματα Μὰρ Ἰσαὰκ καὶ Μὰρ Ἐφραίμ.

Χάρτης· κε′ × ιζ′· φ. σγ′· γρ. ιζ′.

348

ميامر · مصحف طريق فاضلة المجرى للذين هم مسرعين
ان يكتبوا اسماهم فى مصحف الحياة فى السماوات

Βιβλίον τῶν σπενδόντων γράφειν τὰ ὀνόματα αὐτῶν ἐν
τῷ βιβλίῳ τῆς ζωῆς ἐν τῷ οὐρανῷ.

Ἐλλειπὲς κατ' ἀρχὴν καὶ διεσπασμένον κατὰ τέλος·
ἄνευ τίτλου.

Χάρτης· κ' × ιγ'· φ. σογ'· γρ. ιθ'.

349

مقالات مار اسحاق

Κηρύγματα Μὰρ Ἰσαάκ.

Χάρτης· ιθ' × ιγ'· φ. σρη' ὧν πολλὰ διεσπασμένα·
γρ. ιε'.

350

مقالات مار اسحاق

Κηρύγματα Μὰρ Ἰσαάκ.

Χάρτης· ιζ' × ιγ'· φ. τβ'· γρ. ιγ'.

351

مقالات مار اسحاق والخ
تواريخ ملوك اسرايل

α'. Κηρύγματα Μὰρ Ἰσαάκ κ.τ.λ.
β'. Ἱστορίαι τῶν βασιλέων Ἰσραήλ.

Χάρτης· κα' × ιε'· φ. τξζ'· γρ. ιθ'· ια'· ιδ'.

352

مسائل واجوبة
مقالات مار اسحاق المطران
مديح القديس يوحنا اسقف ثسالونيكى والقديس دمتريوس
مسائل سالها من سمعان العامودى لمار اسحاق
قول ورسالات القديس اقليمقس
٣٠ ميامر على الجهاد فى الرهبانية

α΄. Συζητήσεις.

β΄. Κηρύγματα Μὰρ Ἰσαὰκ Πατριάρχου.

γ΄. Ἐγκώμιον τοῦ Ἁγίου Ἰωάννου Ἐπισκόπου Θεσσαλονίκης καὶ τοῦ Ἁγίου Δημητρίου.

δ΄. Συζητήσεις μεταξὺ Σίμωνος τοῦ Στυλίτου καὶ Μὰρ Ἰσαάκ.

ε΄. Λόγος καὶ Ἀλληλογραφία τοῦ Ἁγίου Κλίμακος.

ϛ΄. Κηρύγματα λ΄ περὶ τοῦ ζήλου ἐν τῷ μοναστικῷ βίῳ.

Χάρτης· κδ΄ × ιϛ΄· φ. τλδ΄· γρ. ιθ΄.

353

من قول مار اسحاق السرياني ومار افرام

Λόγοι Μὰρ Ἰσαὰκ Σύρου καὶ Μὰρ Ἐφραίμ.

Χάρτης· ιζ΄ × ιγ΄· φ. υιδ΄· γρ. ιγ΄.

354

مقالات مار اسحاق

Κηρύγματα Μὰρ Ἰσαάκ.

Πολὺ διεφθαρμένον.

Χάρτης· ιθ΄ × ιγ΄· φ. ρπβ΄· γρ. κ΄.

355

من كلام مار اسحاق

Λόγος Μὰρ Ἰσαάκ.

Φύλλα ϛ΄ ἄγραφα καὶ ε΄ ἐν τῷ μέσῳ διεσπασμένα.

Χάρτης· φ. τλε΄.

356

عظات القديس مقاريوس

Λόγοι τοῦ Ἁγίου Μακαρίου.

Ἐλλειπὲς κατ᾽ ἀρχὴν καὶ τέλος· ἄνευ δεσίμου.

Χάρτης· κε΄ × ιζ΄· φ. σιε΄· γρ. ιθ΄.

357

ميامر القديس مقاريوس

Κηρύγματα τοῦ Ἁγίου Μακαρίου.

Ἐλλειπὲς κατ' ἀρχήν· ἄνευ τίτλου· σκωληκόβρωτον.

Χάρτης· ιθ' × ιδ'· φ. τξη'· γρ. κϛ'.

358

اقوال القديسين

قول مار اشعيا

مسائل

قصة القديس ابينا مرقس الذى كان فى جبل ترمقا

قول مار افرام

صحيفة ابينا موسى الذى كتبها الى ابينا بنيمن

قول ثلاسيوس

قول مار اسحاق

α'. Λόγοι τῶν Ἁγίων.

β'. Λόγος Μὰρ Ἡσαίου.

γ'. Συζητήσεις.

δ'. Ἱστορία τοῦ Ἁγίου Πατρὸς Μάρκου τοῦ ἐν τῷ ὄρει Θαρμακᾶ.

ε'. Λόγος Μὰρ Ἐφραίμ.

ϛ'. Γράμμα τοῦ Πατρὸς Μωϋσέως πρὸς τὸν Πατέρα Βενϊαμὶν γεγραμμένον.

ζ'. Λόγος τοῦ Ἁγίου Θαλασσίου.

η'. Λόγος Μὰρ Ἰσαάκ.

Χάρτης· κα' × ιδ'· φ. ρϟθ'· γρ. ιϛ'.

358 bis

ميامر القديس مقاريوس والخ

Κηρύγματα τοῦ Ἁγίου Μακαρίου κ.τ.λ.

Χάρτης· ιϛ' × ιβ'· φ. σπθ'· γρ. ιγ'.

359

مسائل بين قديس وعرب فلان

Συζητήσεις μεταξὺ Ἁγίου καὶ Ἄραβός τινος.

Χάρτης· κα' × ιδ'· φ. σμε'· γρ. ιϛ'.

360

اقوال القديس ذراثيوس

Λόγοι τοῦ Ἁγίου Δωροθέου.

Ἐλλειπὲς κατ' ἀρχὴν καὶ τέλος.

Χάρτης· κα΄ × ιε΄· φ. σμε΄· γρ. ιη΄.

361

اقوال ذراثيوس

Λόγοι τοῦ Ἁγίου Δωροθέου.

Χάρτης· κα΄ × ιδ΄· φ. σκδ΄· γρ. ιδ΄.

362

مقالات القديس ذوروثاوس

Κηρύγματα τοῦ Ἁγίου Δωροθέου.

Χάρτης· ις΄ × ιβ΄· φ. σοε΄· γρ. ιγ΄.

363

اقوال القديس ذوراثيوس
قوانين فى مجلس قسطنطين

α΄. Λόγοι τοῦ Ἁγίου Δωροθέου.

β΄. Κανόνες τῆς Συνόδου Κωνσταντινοπόλεως. Μετὰ εἰκόνος.

Χάρτης· ιζ΄ × ιβ΄· φ. σμε΄· γρ. ιε΄.

364

Ἀφῃρημένον.

365

ميامر

Κηρύγματα ἀγνώστου.

Ἐλλειπὲς κατ' ἀρχήν· ἄνευ τίτλου.

Χάρτης· κβ΄ × ιδ΄· φ. σκα΄· γρ. ις΄.

366

ميامر القديس ذروثاوس

Κηρύγματα τοῦ Ἁγίου Δωροθέου.

Χάρτης· ιζ΄ × ιγ΄· φ. σκς΄· γρ. ιε΄.

367

مقالات القديس ذروثاوس

Κηρύγματα τοῦ ʿΑγίου Δωροθέου.

Χάρτης· κʹ × ιδʹ. φ. ροέ· γρ. ιζʹ.

368

مقالات

Κηρύγματα (ἀγνώστου).

Ἐλλειπὲς κατ᾽ ἀρχήν.

Χάρτης· καʹ × ιδʹ· φ. σπγʹ· γρ. ιηʹ.

369

ميامر القديس ذروثاوس

Κηρύγματα τοῦ ʿΑγίου Δωροθέου.

Χάρτης· ιηʹ × ιβʹ. φ. ργʹ· γρ. ιβʹ.

370

رسالة انتيخس الراهب
كلام مختار ومسائل القديس برصانوفيوس

αʹ. Ἐπιστολὴ ᾿Αντιόχου Μοναχοῦ.

βʹ. Ἐκλεκτὸς λόγος καὶ συζητήσεις τοῦ ʿΑγίου Βαρσανουφίου.

Χάρτης· κδʹ × ιεʹ· φ. σμʹ· γρ. κγʹ.

371

مقالات
رسالة انتيوخس الى اوسطاثيوس

αʹ. Κηρύγματα.

βʹ. Ἐπιστολὴ ᾿Αντιόχου πρὸς Εὐστάθιον.

Χάρτης· κδʹ × ιζʹ· φ. ριʹ· γρ. ιςʹ.

372

ميامر

Κηρύγματα ἀγνώστου.

Πολὺ ἐλλειπές· ἄνευ δεσίμου καὶ τίτλου.

Χάρτης· ιηʹ × ιγʹ· φ. σμαʹ· γρ. ιεʹ.

373

رسالة انتيوخس الراهب الى اوسطاثيوس ريس دير الاطالنيس
من قول القديس ذوروثاوس

α΄. Ἐπιστολὴ Ἀντιόχου Μοναχοῦ πρὸς Εὐστάθιον
Ἡγούμενον τῆς Μονῆς Ἀτταλείας.

β΄. Λόγοι τοῦ Ἁγίου Δωροθέου.

Χάρτης· κδ΄ × ιϛ΄· φ. σϟδ΄· γρ. ιθ΄.

374

رسالة انتيوخس الى اوسطاثيوس وميامره

Ἐπιστολὴ Ἀντιόχου πρὸς Εὐστάθιον καὶ κηρύγματα
αὐτοῦ.

Χάρτης· κε΄ × ιζ΄· φ. ρπε΄· γρ. ιθ΄.

375

Λόγοι θεολογικοί.

Ἐλλειπὲς κατ᾽ ἀρχὴν καὶ τέλος.

Χάρτης· ιη΄ × ιβ΄· φ. σιε΄· γρ. ιβ΄ καὶ ιε΄.

376

مقالات انتيوخس الراهب

Κηρύγματα Ἀντιόχου Μοναχοῦ.

Χάρτης· κϛ΄ × ιη΄· φ. σν΄· γρ. ιζ΄.

377

ميامر
رسالة انتيوخس الراهب الى اوسطاثيوس

α΄. Κηρύγματα.

β΄. Ἐπιστολὴ Ἀντιόχου Μοναχοῦ πρὸς Εὐστάθιον.

Χάρτης· κα΄ × ιδ΄· φ. σμα΄· γρ. κα΄.

378

رسالة انتيوخس الراهب الى اوسطاثيوس واقوال

Ἐπιστολὴ καὶ λόγοι Ἀντιόχου Μοναχοῦ πρὸς Εὐστάθιον.

Χάρτης· κα΄ × ιδ΄· φ. τοβ΄· γρ. ιϛ΄.

379

رسالة انتيوخس الراهب الذى من دير القديس مار سابا الى
اوسطاثيوس ريس دير الاطاليس مدينه انكرة غلاطية ومقالات

Ἐπιστολὴ Ἀντιόχου Μοναχοῦ τῆς Μονῆς Μὰρ Σάβα
πρὸς Εὐστάθιον Ἡγούμενον τῆς Μονῆς Ἀτταλείας πόλεως
Ἀγκύρας ἐν Γαλατίᾳ καὶ κηρύγματα αὐτοῦ.

Χάρτης· κα' × ιε'· φ. σιθ'· γρ. ιε'.

380

مقالات بندكتى

Κηρύγματα Βενεδίκτου.
Χάρτης· κα' × ιδ'· φ. τϛ'· γρ. ιε'.

381

رسالة انتيوخس الراهب ومقالات

Ἐπιστολὴ Ἀντιόχου Μοναχοῦ καὶ κηρύγματα αὐτοῦ.
Φύλλα λη' διεφθαρμένα.
Χάρτης· κ' × ιδ'· φ. σοβ'· γρ. ιϛ'.

382

رسالة انتيوخس الراهب الى اوسطاثيوس

Ἐπιστολὴ Ἀντιόχου Μοναχοῦ πρὸς Εὐστάθιον.
Χάρτης· κα' × ιϛ'· φ. σκε'· γρ. ιθ'.

383

مسائل

Συζητήσεις.
Φρικτῶς διεφθαρμένον.
Χάρτης· κ' × ιδ'· φ. ρε' ὧν η' ἄγραφα· γρ. ιε'.

384

اقوال القديس برصنوفيوس
مسائل بين شيخ واخ

α'. Λόγοι τοῦ Ἁγίου Βαρσανουφίου.
β'. Συζητήσεις μεταξὺ Ἄραβος καὶ Μοναχοῦ τινος.
Χάρτης· ιζ' × ιβ'· φ. σϛ' ὧν β' ἐπενθετικά· γρ. ιε'.

385

قوانين اقليمقس
رسالة الى كير جرجس ريس القرسبنتى
رسالة الى رهبان دير السيدة الثاوطقس دير ابينا لوقا
لاب بطرس
لمثووذيوس

α'. Κανόνες τοῦ Ἁγίου Κλίμακος.

β'. Ἐπιστολαὶ αὐτοῦ πρὸς τὸν Κύριον Γεώργιον Ἡγού-
μενον (Κυριακοῦ;).

γ'. Πρὸς τοὺς Μοναχοὺς τῆς Μονῆς τῆς Παναγίας
Θεοτόκου καὶ τοῦ Πατρὸς Λουκᾶ.

δ'. Πρὸς Πέτρον ἀδελφόν.

ε'. Πρὸς Ματθαῖον.

Χάρτης· κε' × ιζ'. φ. νν'· γρ. ιη'.

386

مقالات ومسائل مار افرام : انسطاسيوس : فم الذهب :
اثناسيوس : مار اسحاق : ثاوظوريطس : باسيليوس : اقليمقس :
ثاوذوروس : وبرصنوفيوس
قوانين الرسل القديسين
رسائل القديس سمعان العجائبى : يوحنا الرحوم :
واغريغوريوس

α'. Κηρύγματα καὶ συζητήσεις Μὰρ Ἐφραίμ, Ἀναστα-
σίου, Χρυσοστόμου, Ἀθανασίου, Μὰρ Ἰσαάκ, Θεοδωρήτου,
Βασιλείου, Κλίμακος, Θεοδώρου, καὶ Βαρσανουφίου.

β'. Κανόνες τῶν Ἁγίων Ἀποστόλων.

γ'. Ἐπιστολαὶ τοῦ Ἁγίου Σίμωνος Θαυματαποιοῦ, Ἰω-
άννου τοῦ Ἐλεήμονος καὶ Γρηγορίου.

Δίστηλον· διεφθαρμένον κατὰ τέλος.

Χάρτης· μ' × λα'· φ. τμη'· γρ. κη'.

387

مقالات مار افرام : فمر الذهب : باسيليوس : برصنوفيوس :
وتاوذريطس

Κηρύγματα Μὰρ Ἐφραίμ, Χρυσοστόμου, Βασιλείου,
Βαρσανουφίου, καὶ Θεοδωρήτου.

Χάρτης· φ. φλβ΄.

388)
389)

Ἀφῃρημένα.

390

القوانين القديسة

Οἱ ἅγιοι κανόνες.

Χάρτης· κε΄ × ιϛ΄· φ. υοε΄· γρ. ιθ΄. Μ. Χ. ͺαρξδ΄.

391

تفسير من قول كيرللس
رسائل كيرللس
القوانين المقدسة من اللغرة اليونانية
كتاب يوحنا المطران
قوانين اقليمقس

α΄. Ἑρμηνεία Κυρίλλου.

β΄. Ἐπιστολαὶ Κυρίλλου.

γ΄. Οἱ ἅγιοι κανόνες ἐκ τῆς ἑλληνικῆς γλώσσης.

δ΄. Βιβλίον Ἰωάννου Πατριάρχου.

ε΄. Κανόνες τοῦ Ἁγίου Κλίμακος.

Φρικτῶς διεφθαρμένον κατὰ τέλος.

Χάρτης· κη΄ × κ΄· φ. σπθ΄. Μ. Χ. ͺαρξδ΄.

392

ذكر المجمع الناتج الذى اجمعه بالقسطنس وهو من
المجامع ...... اسقفة ماية وخمسين
كتاب حدود جماعة افسس
قوانين اقليمقس

αʹ. Μνήμη τῆς Συνόδου Κωνσταντινοπόλεως ὅπου πα-
ρῆσαν Ἐπίσκοποι ρνʹ.

βʹ. Βιβλίον τῶν κανόνων τῆς ἐν Ἐφέσῳ Συνόδου.

γʹ. Κανόνες τοῦ Ἁγίου Κλίμακος.

Χάρτης· ιϛʹ × ιβʹ· φ. σξζʹ· γρ. ιαʹ.

393 ⎫
394 ⎭

Ἀφῃρημένα.

395

قصة ثقلة القديسة : قصة اوفرسنية : قصة صافينيوس
قصة مار يوحنا الثاوولغس ابن زبدى
قصة مريم [ثعثع] بمدينة انطاكية
قصة القديس خاريط
قصة مار كيراكس
قصة القديس اغريغوريوس

αʹ. Βίος τῆς Ἁγίας Θέκλας, Εὐφροσύνης, καὶ τοῦ Ἁγίου
Σαβίνου.

βʹ. Βίος Μὰρ Ἰωάννου τοῦ Θεολόγου υἱοῦ Ζεβεδαίου.

γʹ. Βίος Μαρίας (τῆς Μαργαρίτης) ἐν Ἀντιοχείᾳ τῇ
πόλει.

δʹ. Βίος τοῦ Ἁγίου Χάριτος.

εʹ. Βίος Μὰρ Κυριακοῦ.

ϛʹ. Βίος τοῦ Ἁγίου Γρηγορίου.

Φύλλα συριακὰ βʹ ἐν τῷ δεσίμῳ· ἐλλειπὲς κατὰ τέλος.

Χάρτης· λαʹ × καʹ· φ. σιʹ· γρ. κʹ.

396

عجائب ريس الملائكة ميخايل

قصة عبد المسيح الذى استشهد برملة

تبطر : واستافنيدة

ميناس من اسكندرية

عجائب القديس مينا

ميمر برقلس اسقف قنسطنطنية

قصة يوحنا الرحوم بطررك الاسكندرية

بشارة جرجس اسقف الاسكندرية

من قول يوحنا المغبوط : ميمر فم الذهب

...... انشاها يوحنا القس الراهب

α'. Θαύματα τοῦ Ἀρχαγγέλου Μιχαήλ.

β'. Βίος τοῦ δούλου Χριστοῦ τοῦ ἐν Ῥάμλε μεμαρτυρημένου.

γ'. Βίκτωρ καὶ Στεφανίς.

δ'. Μηνᾶς Ἀλεξανδρείας.

ε'. Θαύματα τοῦ Ἁγίου Μηνᾶ.

ϛ'. Κήρυγμα Πρόκλου Ἐπισκόπου Κωνσταντινοπόλεως.

ζ'. Βίος Ἰωάννου τοῦ ἐλεήμονος Πατριάρχου Ἀλεξανδρείας.

η'. Κήρυγμα Γεωργίου Ἐπισκόπου Ἀλεξανδρείας.

θ'. Λόγος Ἰωάννου τοῦ Δικαίου. Λόγος Χρυσοστόμου.

ι'. Ἱστορία ὑπὸ Ἰωάννου Πρεσβυτέρου Μοναχοῦ διηγουμένη.

Χάρτης· λα' × κβ'· φ. σβ' ὧν πολλὰ διεσπασμένα· γρ. κ'.
Μ. Χ. ͵ιφοθ'.

397

قصة القديس فيليبس الرسول

شهادة افيفس

عجائب الثلثة قديسين صاموناس وعوراس وافيفس المستشهدين

بمدينة الرها مع ابنة المراة

قصة بشارة متى السليح بن حلفى اخو يعقوب

قصة اغريغوريوس

قصة امغيلوشيوس فى كرسى ايوقونية

شرح القديس لاونثيوس

شهادة القديس رومنس

قصة اقليمس القديس بابا رومية

قول مار افرام

شهادة القديس بطرس ريس اساقفة الاسكندرية

قصة مرقوريوس الشهيد

شهادة القديس اندراوس

قصة متى واندراوس

α΄. Βίος τοῦ Ἁγίου Φιλίππου Ἀποστόλου.

β΄. Μαρτύριον Ἀβίβου.

γ΄. Θαύματα τῶν τριῶν Ἁγίων Σαμωνᾶ, Γουρία, καὶ Ἀβίβου τῶν ἐν Ἐδέσσῃ τῇ πόλει μεμαρτυρημένων.

δ΄. Ἱστορία τοῦ κηρύγματος Ματθαίου Ἀποστόλου, υἱοῦ Ἀλφαίου, ἀδελφοῦ Ἰακώβου.

ε΄. Βίος τοῦ Ἁγίου Γρηγορίου.

ϛ΄. Βίος Ἀμφιλοχίου Ἐπισκόπου Ἰκονίου.

ζ΄. Ἑρμηνεία τοῦ Ἁγίου Λεοντίου.

η΄. Βίος τοῦ Ἁγίου Ῥωμανοῦ.

θ΄. Βίος τοῦ Ἁγίου Κλήμεντος Παπᾶ Ῥώμης.

ι΄. Λόγος Μὰρ Ἐφραίμ.

ια΄. Μαρτύριον Πέτρου Ἐπισκόπου Ἀλεξανδρείας.

ιβ΄. Βίος Μερκουρίου Μάρτυρος.

ιγ΄. Μαρτύριον τοῦ Ἁγίου Ἀνδρέα.

ιδ΄. Βίος Ματθαίου καὶ Ἀνδρέα.

Χάρτης· λα΄ × κα΄· φ. σξζ΄· γρ. κ΄.   Μ. Χ. ͵ατλγ΄.

398

جزو الرابع من الدولاب لشهر كانون الاول

قصة جهادة القديسة بربارة

سيرة يوحنا الدمشقى

اخبار الابا القديسين الذين لمعوا فى المسكونة

اخبار القديس نيقولاوس اسقف بلد مير اللوكية

سيرة القديس يوحنا الصامت اسقف الساكت
شهادة مناس وارموجانس واغرافس المستشهدين على ايام مكسيميوس
دنيال العمودى
عجائب اسبيريدون اسقف اتريمثونطون
اوجانيوس مرداريوس واورستس اوسطرياتس اوكسنتيوس
شهادة ثورصص لوكيوس وقلمفيقس فى ايام ذاكيوس الملك
جهاد القديس وتاريوس انحاوس
القديسة ثاوفانو
القديس بوخس بروفس وابللريون
حنانا عزريا ميصايل ودنيال
اوفيوطس بونيفاتيوس واغناتيوس اسقف انطاكية
من قول فم الذهب
يوليانوس وانسطاسية
ميمر اثناسيوس
شهادة اوجانية
ميمر اغريغوريوس وباسيليوس سوريانوس
شهادة انطونيوس

Τὸ τέταρτον τεμάχιον τοῦ Λαβυρίνθου, διὰ τὸν μῆνα Δεκεμβρίου.

α΄. Μαρτύριον τῆς Ἁγίας Βαρβάρας.

β΄. Βίος τοῦ Ἁγίου Ἰωάννου Δαμασκηνοῦ.

γ΄. Ἱστορίαι τῶν Ἁγίων Πατέρων τῶν λαμψάντων ἐν τῷ κόσμῳ.

δ΄. Ἱστορία τοῦ Ἁγίου Νικολάου Ἐπισκόπου Μύρων τῆς Λυκίας.

ε΄. Βίος τοῦ Ἁγίου Ἰωάννου τοῦ Σιγῶντος Ἐπισκόπου (Σκυθοπόλεως;).

ϛ΄. Μαρτύριον Μηνᾶ καὶ Ἑρμογένους καὶ Εὐγράφου τῶν μεμαρτυρημένων κατὰ τοὺς χρόνους Μαξιμίνου.

ζ΄. Δανιὴλ Στυλίτης.

η΄. Θαύματα Σπυρίδωνος Ἐπισκόπου Τριμιθοῦντος.

θ΄. Μαρτύριον Εὐγενίου, Μαρδαρίου, Ὀρέστου, Εὐστρατίου, καὶ Αὐξεντίου.

ι΄. Μαρτύριον Θύρσου, Λευκίου, καὶ Καλλινίκου κατὰ τοὺς χρόνους Δεκίου Βασιλέως.

ια΄. Μαρτύριον τοῦ Ἁγίου (Ἐλευθερίου υἱοῦ Ἀνθίας;)

ιβ΄. Μαρτύριον τῆς Ἁγίας Θεοφανοῦς.

ιγ΄. Οἱ Ἅγιοι [Βάκχος καὶ Τρύφων;] καὶ Ἀπολλώνιος.

ιδ΄. Ἱστορία Ἀνανίου, Ἀζαρίου, Μισαὴλ καὶ Δανιήλ, Εὐ-βιότου, Βονιφατίου, καὶ Ἰγνατίου Ἐπισκόπου Ἀντιοχείας.

ιε΄. Λόγος Χρυσοστόμου.

ιϛ΄. Ἰουλιανὴ καὶ Ἀναστασία.

ιζ΄. Μαρτύριον Εὐγενίας.

ιη΄. Κηρύγματα Ἀθανασίου, Γρηγορίου, καὶ Βασιλείου Σύρου.

ιθ΄. Μαρτύριον Ἀντωνίου.

Χάρτης· λϛ΄ × κ΄· φ. τδ΄· γρ. κα΄.   Μ. Χ. ͵αφπε΄.

399

عجائب القديس نيقولاوس
ذكر وصف شهادة القديسين ميناس وارموجانس واغرافس
المستشهدين على ايام مكسيمينوس
وصف استشهاد القديسين اوسطراتيوس اوكسنتيوس اوجانيوس
اورستيس ومرداريوس

α΄. Θαύματα τοῦ Ἁγίου Νικολάου.

β΄. Ἱστορία τῆς μαρτυρίας τῶν Ἁγίων Μηνᾶ, Ἑρμο-γένους καὶ Εὐγράφου τῶν κατὰ τοὺς χρόνους Μαξιμίνου μεμαρτυρημένων.

γ΄. Μαρτύριον τῶν Ἁγίων Εὐστρατίου, Αὐξεντίου, Εὐγε-νίου, Ὀρέστου, καὶ Μαρδαρίου.

Χάρτης· κϛ΄ × ιη΄· φ. ρνβ΄· γρ. ιζ΄.

400

الجزو الخامس من الدولاب لشهر كانون الاخر
ميامر كرلس واغريغوريوس
عجائب بطرس اسقف سبسطية
سيرة سيلفسطرس بابا رومية

ميامر فم الذهب وباسيليوس
قصة مارثا وظوسيوس
شهادة طاتيانة
سيرة يعقوب اسقف نصيبين
خبر انشاه امونيوس الراهب للمستشهدين بطور سينا
خبر القديس يوحنا الراهب

Τὸ πέμπτον τεμάχιον τοῦ Λαβυρίνθου, διὰ τὸν μῆνα
᾽Ιανουαρίου.

α΄. Κηρύγματα Κυρίλλου καὶ Γρηγορίου.

β΄. Θαύματα Πέτρου ᾽Επισκόπου Σεβαστῆς.

γ΄. Βίος Σιλβέστρου Πάπα ᾽Ρώμης.

δ΄. Κηρύγματα Χρυσοστόμου καὶ Βασιλείου.

ε΄. ῾Ιστορία (Μάρθης;) καὶ (Ζωσίμου;).

ϛ΄. Μαρτύριον Τατιανῆς.

ζ΄. Βίος ᾽Ιακώβου ᾽Επισκόπου Νισίβεως.

η΄. ῾Ιστορία ὑπὸ ᾽Αμμονίου Μοναχοῦ λεγομένη περὶ τῶν
ἐν τῷ ὄρει Σινᾶ μεμαρτυρημένων.

θ΄. ῾Ιστορία τοῦ ῾Αγίου ᾽Ιωάννου Μοναχοῦ.

Χάρτης· λβ΄ × κβ΄· φ. σιε΄· γρ. κα΄.

401

مقالات كرلس اسقف الاسكندرية
ميامر القديسين اغريغوريوس وباسيليوس
عجائب القديس باسيليوس
ميامر يوحنا فم الذهب : باسيليوس : يعقوب اسقف سروج
واغريغوريوس
قصة القديسين المقتولين فى طور سينا

α΄. Κηρύγματα Κυρίλλου ᾽Επισκόπου ᾽Αλεξανδρείας.

β΄. Λόγος τῶν ῾Αγίων Γρηγορίου καὶ Βασιλείου.

γ΄. Θαύματα τοῦ ῾Αγίου Βασιλείου.

δ΄. Κηρύγματα ᾽Ιωάννου Χρυσοστόμου, Βασιλείου, ᾽Ιακώ-
βου ᾽Επισκόπου Σειροὺχ καὶ Γρηγορίου.

ε΄. Ἱστορία τῶν Ἁγίων τῶν ἀποκτανθέντων ἐν τῷ ὄρει Σινᾶ.

Χάρτης· λδ΄ × κδ΄· φ. σογ΄· γρ. κα΄.

402

قصة القديسة مرينا الراهبة التى كان اسمها مريم (كان رجل من البثنية اسمه يوحنا وكانت له امراة صالحة صاركة فولدت له جارية فسموها مريم)

قصة الاب الخير القديس الجليل ابا مرتينايوس الراهب

شهادة القديس ثاودرس

سيرة ابينا القديس يعقوب الذى من مدينة قروص بيد ثاوطورطس اسقف قورص

على وجود راس يوحنا المعمدان

α΄. Ἱστορία τῆς Ἁγίας Μαρίνης Μοναχῆς τῆς λεγομένης Μαρίας. "Ἦν ἄνθρωπος ἐκ Βηθανίας τὸ ὄνομα αὐτοῦ Ἰωάν-νης, καὶ εἶχε καλὴν γυναῖκα Σάρκα, καὶ ἔτεκεν αὐτῷ κόρην καὶ ὠνόμασεν αὐτὴν Μαρίαν."

β΄. Ἱστορία τοῦ Καλοῦ Κυρίου τοῦ Ἁγίου τοῦ λαμπροῦ Πατρὸς Μαρτινιανοῦ Μοναχοῦ.

γ΄. Μαρτύριον τοῦ Ἁγίου Θεοδώρου.

δ΄. Βίος τοῦ Πατρὸς ἡμῶν Ἰακώβου Κύρου ὑπὸ Θεοδω-ρήτου Ἐπισκόπου Κύρου.

ε΄. Περὶ τῆς εὑρέσεως τῆς κεφαλῆς Ἰωάννου Βαπτιστοῦ.

Ἐλλειπὲς κατ' ἀρχὴν καὶ τέλος.

Χάρτης· λα΄ × κα΄· φ. ρκθ΄· γρ. κ΄.

403

ميامر بعض الابا

شهادة القديس لليان : القديس نقفور : القديسة مرينا الراهبة :

مرتنايوس من قيسارية : ثاوذرس : يعقوب من مدينة قروص

نقل راس يوحنا سابق الرب

جزو السابع من الدولاب لشهر ادار

(ظومينة) وطروبيوس واكلاونيقوس

السليح مرقس : باسيليوس : السيوس : قوتية السمارية
والمستشهدين معها
ميامر فم الذهب : اغريغوريوس : واقليمقس
ذكر مريم المصرية : طايسية الزانية
جهاد القديس جرجس
ميمر ارقاديوس

α'. Κηρύγματα Πατέρων τινῶν.

β'. Μαρτύρια τοῦ Ἁγίου Λολλίωνος, τοῦ Ἁγίου Νικη-
φόρου, τῆς Ἁγίας Μαρίνης Μοναχῆς, Μαρτίνου ἐκ Καισα-
ρείας, Θεοδώρου, καὶ Ἰακώβου ἐκ τῆς πόλεως Κύρου.

γ'. Ἀνακομιδὴ τῆς κεφαλῆς Ἰωάννου Προδρόμου.

δ'. Τὸ ἕβδομον τεμάχιον τοῦ Λαβυρίνθου διὰ τὸν μῆνα
Μαρτίου.

Μαρτύριον Βασιλίσκου, Εὐτροπίου, καὶ Κλεονίκου.

ε'. Ἱστορία Μάρκου Ἀποστόλου, Βασιλείου, Ἀλεξίου,
Κουτίας τῆς Σαμαρείτιδος καὶ τῶν μεμαρτυρημένων μετ'
αὐτῆς.

ϛ'. Κηρύγματα Χρυσοστόμου, Γρηγορίου, καὶ Κλίμακος.

ζ'. Μνήμη Μαρίας τῆς Αἰγυπτίας καὶ Ταϊσίας τῆς πρώην
πόρνης.

η'. Ἀγὼν τοῦ Ἁγίου Γεωργίου.

θ'. Κήρυγμα Ἀρκαδίου.

Ἐλλειπὲς κατὰ τέλος.

Χάρτης· λδ' × κδ'· φ. τιε'· γρ. κα'.

404

Ἀφῃρημένον.

405

شهادة ايرينى ابنة لكنيوس
قصة ارسانيوس السليح فى برية مصر
ميمر الوغوثان يمتدح يوحنا الثاوولغس
ميمر مقول على عيد مرتمريم
شهادة باسيليسقوس النجيب وكيفية......

سيرة البطريرك على انطاكية الشهيد جريسطوفوس
قصة القديس ارميا
الجزو الثامن من الدولاب
قصة برتلماوس
بشارة يهودا اخو الرب
خبر يشع النبى
قصة بطرس وبولص
شهادة بطرس راس السليحين
رسالة ديونيسيوس الى تيماثيوس
مديح لفم الذهب
مدح القديس يعقوب

α΄. Μαρτύριον Εἰρήνης θυγατρὸς Λικινίου.

β΄. Ἱστορία Ἀρσενίου Ἀποστόλου ἐν τῇ ἐρημίᾳ Αἰγύπτου.

γ΄. Κήρυγμα Λαυρεντίου ἐγκομιάζον Ἰωάννην Θεολόγον.

δ΄. Κήρυγμα περὶ τῆς τῆς Παναγίας ἑορτῆς.

ε΄. Μαρτύριον Βασιλίσκου τοῦ εὐγενοῦς καὶ περιγραφὴ...

ϛ΄. Βίος τοῦ Πατριάρχου Ἀντιοχείας (Γερβασίου;) Μάρτυρος.

ζ΄. Ἱστορία τοῦ Ἁγίου Ἱερεμίου.

η΄. Τὸ ὄγδοον τεμάχιον τοῦ Λαβυρίνθου.
Ἱστορία Βαρθολομαίου.

θ΄. Εὐαγγέλιον Ἰούδα Ἀδελφοῦ τοῦ Κυρίου.

ι΄. Ἱστορία Ἡσαίου Προφήτου.

ια΄. Μαρτύριον Πέτρου Ἡγουμένου τῶν Ἀποστόλων.

ιβ΄. Μῦθος Πέτρου καὶ Παύλου.

ιγ΄. Ἐπιστολὴ Διονυσίου πρὸς Τιμόθεον.

ιδ΄. Ἐγκώμιον Χρυσοστόμου.

ιε΄. Ἐγκώμιον τοῦ Ἁγίου Ἰακώβου.

Χάρτης· λγ΄ × κα΄· φ. σλϛ΄· γρ. κα΄.

406

قصة القديس سمعان
الجزو الثامن من الدولاب قصة برثلماوس

شهادة لاونتيوس

بشارة ثاديوس تلميذ الرب

شهادة بطرس وبولص

ميامر فم الذهب

مدحة قالها يعقوب السروجى للقديس يوحنا المعمدان

قصة ثانية لشهادة بطرس

α'. Ἱστορία τοῦ Ἁγίου Σίμωνος.

β'. Ἱστορία Βαρθολομαίου. Τὸ ὄγδοον τεμάχιον τοῦ Λαβυρίνθου.

γ'. Μαρτύριον Λεοντίου.

δ'. Εὐαγγέλιον Θαδδαίου μαθητοῦ τοῦ Κυρίου.

ε'. Μαρτύριον Πέτρου καὶ Παύλου.

ϛ'. Κηρύγματα Χρυσοστόμου.

ζ'. Ἐγκώμιον Ἰωάννου Βαπτιστοῦ ὑπὸ Ἰακώβου Σειρούχ.

η'. Ὁ δεύτερος μῦθος τοῦ Μαρτυρίου τοῦ Ἁγίου Πέτρου. Ἐλλειπὲς κατ' ἀρχὴν καὶ τέλος.

Χάρτης· λγ' × κε'· φ. σλζ' ὧν πολλὰ διεσπασμένα· γρ. κα'.

407

خبر طهور سيدتنا والدة الاهنا

قصة القديس انبابيوس

قصة برلام

سيرة وعجائب تلاميذه

سيرة النبى ايلياس

اخبار القديسة مرثة والدة القديس سمعان العجائبى

ميامر فم الذهب ومار افرام

سيرة العظيم توما

وصف القديس بروقويوس

قصة سمعان المسمى من اجل المسيح

قصة باترموثيوس والراهبين المستشهدين فى ايام يوليانوس

موسوسا كتبها لاونثيوس ليوليانوس

خمسة واربعين مستشهدين فى ايام الملك ديوقليتيانوس

شهادة كيرقس وامه يوليطا

القديسة ابركسية : بتيلاين

خبر البار اسيا

قصة مارينا المغبوطة

شهادة اثناسيوس وثاوذوتى

α΄. Ἱστορία τοῦ Καθαρισμοῦ τῆς Κυρίας ἡμῶν τῆς Θεοτόκου.

β΄. Ἱστορία τοῦ Ἁγίου (Ἀβίβου;).

γ΄. Ἱστορία Βαρλαάμ.

δ΄. Βίος καὶ θαύματα τῶν Μαθητῶν αὐτοῦ.

ε΄. Βίος Ἡλίου Προφήτου.

ϛ΄. Ἱστορία τῆς Ἁγίας Μάρθης μητρὸς Συμεὼν τοῦ Θαυμαστορείτου.

ζ΄. Κηρύγματα Χρυσοστόμου καὶ Μὰρ Ἐφραίμ.

η΄. Βίος τοῦ μεγάλου Θωμᾶ.

θ΄. Διήγησις τοῦ Ἁγίου Βαρουχίου.

ι΄. Ἱστορία Συμεὼν τοῦ λεγομένου διὰ τὸν Κύριον.

ια΄. Ἱστορία Πατερμουθίου καὶ τῶν Μοναχῶν τῶν μεμαρτυρημένων κατὰ τοὺς χρόνους Ἰουλιανοῦ.

ιβ΄. Φλυαρία γεγραμμένη ὑπὸ Λεοντίου περὶ Ἰουλιανοῦ.

ιγ΄. Περὶ τῶν μεʹ μεμαρτυρημένων κατὰ τοὺς χρόνους Διοκλητιανοῦ Αὐτοκράτορος.

ιδ΄. Μαρτύριον Κηρύκου καὶ τῆς μητρὸς αὐτοῦ Ἰουλίττης.

ιε΄. Μαρτύριον τῆς ἁγίας Εὐπραξίας καὶ [Ὀλυμπιάδος;].

ιϛ΄. Ἱστορία Ἡσαίου τοῦ Δικαίου.

ιζ΄. Ἱστορία Μαρίνης τῆς Δικαίας.

ιη΄. Μαρτύριον Ἀθανασίου καὶ Θεοδότου.

Χάρτης· λα΄ × κβ΄· φ. σβ΄· γρ. κ΄.   Μ. Χ. ͵ατλε΄.

408

ميمر القديس يوحنا الثاوولغس

ميمر يوحنا الدمشقى

رسالة ابجر ابن معتف ملك الرها بين النهرين يدعى بلسان

العرب الجزيرة

ميمر يوحنا البونيس الشاعر ابن منصور ابن سرجون

خبر سمويل النبى

شهادة بصة واولادها

شهادة القديس انديانوس والمستشهدين معه

تعليم القديس ابا موس الاسود

ميمر فم الذهب

ميمر جرمانوس اسقف قسطانطينية

α΄. Κήρυγμα τοῦ Ἁγίου Ἰωάννου Θεολόγου.

β΄. Κήρυγμα Ἰωάννου Δαμασκηνοῦ.

γ΄. Ἐπιστολὴ Ἀβγάρου υἱοῦ Ματὰφ βασιλέως Ἐδέσσης ἐν Μεσοποταμίᾳ λεγομένης ἀραβιστὶ Γεζίρας.

δ΄. Λόγος Ἰωάννου τοῦ Ποιητοῦ υἱοῦ Μανσούρου υἱοῦ Σεργίου.

ε΄. Ἱστορία Σαμουὴλ Προφήτου.

ς΄. Μαρτύριον Βάσσης καὶ τῶν τέκνων αὐτῆς.

ζ΄. Μαρτύριον τοῦ Ἁγίου (Ἀνθίωνος;) καὶ τῶν μεμαρτυρημένων μετ' αὐτοῦ.

η΄. Διδασκαλία τοῦ Ἁγίου Πατρὸς Μωϋσέως τοῦ Μέλανος.

θ΄. Κήρυγμα Χρυσοστόμου.

ι΄. Λόγος Γερμανοῦ Ἐπισκόπου Κωνσταντινοπόλεως.

Χάρτης· λς΄ × κε΄· φ. ρξα΄· γρ. κα΄. Μ. Χ. ͵ασνη΄.

409

جزو التاسع من الدولاب لشهر اب

استعلان ظهر فى رويا الليل للوكيانوس القس من اجل وجود

لمصنا القديس اسطفان الشماس واول الشهدا

مديح يوحنا فم الذهب لاسطفان اول الشهدا

ميمر يوحنا الدمشقى

ذكر طوماتيوس الشاهد

قصة بشارة القديس متثياس

ميمر القديس يوحنا الثاوولغس على وفاة السيدة
نقلة السيدة...حكاية عن يوحنا ابن زبدى الانجيلى
ميمر يوحنا البونيس الشاعر ابن منصور ابن سرجون
رسالة ابجر ابن معتف ملك الرها وهو ملك بين النهرين
الذى يدعى بلسان العرب الجزيرة هو ابجر الاسود
شهادة بصة واولادها الثلثة
شهادة اندرياس وميناديوس وسوناطس والخ
تعليم القديس ابا موسى الاسود الحبش
ميمر فم الذهب

α'. Τὸ ἔνατον τεμάχιον τοῦ Λαβυρίνθου διὰ τὸν μῆνα Αὐγούστου.

Ἀποκάλυψις ἥτις ἐφαίνετο ἐν ὀπτασίᾳ νυκτὸς πρὸς Λουκιανὸν Πρεσβύτερον περὶ τῆς εὑρέσεως τοῦ λειψάνου τοῦ Ἁγίου Στεφάνου Διακόνου καὶ πρώτου Μάρτυρος.

β'. Ἐγκώμιον Στεφάνου πρώτου Μάρτυρος ὑπὸ Ἰωάννου Χρυσοστόμου.

γ'. Κήρυγμα Ἰωάννου Δαμασκηνοῦ.

δ'. Μνήμη Τιμοθέου Μάρτυρος.

ε'. Ἱστορία τοῦ κηρύγματος τοῦ Ἁγίου Ματθίου.

ς'. Κήρυγμα τοῦ Ἁγίου Ἰωάννου Θεολόγου περὶ τοῦ θανάτου τῆς Παναγίας.

ζ'. Ἀνακομιδὴ τῆς Παναγίας, ὑπὸ Ἰωάννου υἱοῦ Ζεβεδαίου γεγραμμένη.

η'. Κήρυγμα Ἰωάννου τοῦ Ποιητοῦ υἱοῦ Μανσούρου υἱοῦ Σεργίου.

θ'. Ἐπιστολὴ Ἀβγάρου υἱοῦ Ματὰφ βασιλέως Ἐδέσσης ἐν Μεσοποταμίᾳ λεγομένης ἀραβιστὶ Γεζίρας, καὶ αὐτοῦ Ἀβγάρου τοῦ Μαύρου.

ι'. Μαρτύριον Βάσσης καὶ τῶν τριῶν υἱῶν αὐτῆς.

ια'. Μαρτύριον Ἀνδρέου καὶ Μηνᾶ κ.τ.λ.

ιβ'. Διδαχὴ τοῦ Ἁγίου πατρὸς ἡμῶν Μωϋσέως τοῦ Μαύρου τοῦ Αἰθίοπος.

ιγ'. Κήρυγμα Χρυσοστόμου.

Χάρτης· λα' × κα'· φ. ρ‌ι‌η'· γρ. κ'.　Μ. Χ. ‚αφλδ'.

410

Συναξάριον.

'Ελλειπὲς κατ' ἀρχήν, καὶ ἄνευ ἡμίσεως δεσίμου.

Χάρτης· ιζ' × ιβ'· φ. ρξε'· γρ. ιε'. Μ. Χ. ανοζ'.

411

اخبار القديسين ثاوذرس وباسيليوس

خبر بنى اسرايل

قصة العجيب باسيليوس

قول مقاريوس اسقف طور سينا

α'. Ἱστορίαι τῶν Ἁγίων Θεοδώρου καὶ Βασιλείου.

β'. Ἱστορία τῶν υἱῶν Ἰσραήλ.

γ'. Ἱστορία Βασιλείου τοῦ Θαυμαστοῦ.

δ'. Λόγος Μακαρίου Ἐπισκόπου τοῦ ὄρους Σινᾶ.

'Ελλειπὲς κατ' ἀρχὴν καὶ τέλος· ἄνευ δεσίμου.

Χάρτης· ιη' × ιδ'· φ. σνε'· γρ. ιε'.

412

Συναξάριον.

Χάρτης· κδ' × ιη'· φ. ρϟη'· γρ. ιζ'.

413

اخبار القديسين

Μαρτυρολόγιον κατ' ἀναγνώσεις.

Χάρτης· κβ' × ιϛ'· φ. ρϟϛ'· γρ. ιϛ'.

414

'Ωρολόγιον.

Χάρτης· κγ' × ιϛ'· φ. ρξε'· γρ. ιϛ'.

415

فيه اخبار القديسين

Συναξάριον.

Χάρτης· κα' × ιδ'· φ. ρμη'· γρ. ιη'.

416

اعتذار اورسطس الشماس السعيد خازن الكتب الى قسطنطين
اخبار القديسين

α'. Ἀπολογία Εὐαρίστου Διακόνου εὐδαίμονος Βιβ-
λιοφύλακος Κωνσταντίνου.

β'. Συναξάριον.

Ἐλλειπὲς κατὰ τέλος.

Χάρτης· κη' × κ'· φ. σε'· γρ. ιζ'.

417

اعتذار هورستس السعيد خازن الملك قنسطنطين
مجموع الكنيسة كلها تذكر فيه اخبار القديسين الذين قضوا
اجالهم فى وقت فوقت

α'. Ἀπολογία Εὐαρίστου τοῦ εὐδαίμονος Βιβλιοφύλακος
Κωνσταντίνου Αὐτοκράτορος.

β'. Σύλλογος πάσης τῆς Ἐκκλησίας καὶ Μνήμη τῶν
Ἁγίων τῶν τὸν δρόμον τετελεκότων ἀπὸ καιροῦ εἰς καιρόν.

Χάρτης· κα' × ιζ'· φ. τγ'· γρ. κ'.   Μ. Χ. ͵αϠε'.

418

Ὡρολόγιον.

Χάρτης· κδ' × ιϛ'· φ. σμζ'· γρ. κ'.

419

قوانين
اخبار القديسين

α'. Κανόνες.

β'. Μαρτυρολόγιον.

Ἐλλειπὲς τὸ δέσιμον κατὰ τὸ ἥμισυ.

Χάρτης· κϛ' × ιη'· φ. τιβ'· γρ. ιζ'.

420

اعتذار هورستس السعيد خازن الكتب الى قسطنطين
اخبار القديسين

α'. 'Απολογία Εὐαρίστου εὐδαίμονος Βιβλιοφύλακος Κωνσταντίνου.

β'. Μαρτυρολόγιον.

'Ελλειπὲς κατ' ἀρχήν.

Χάρτης· κθ' × κβ'· φ. ρҁγ'· γρ. κβ'. Μ. Χ. ͵αρπη'.

421

Συναξάριον.

Χάρτης· κϛ' × ιζ'· φ. τҁα'· γρ. ιθ'. Μ. Χ. ͵ασλη'.

422

Συναξάριον.

'Ελλειπὲς κατ' ἀρχὴν καὶ τέλος· ἄνευ δεσίμου. Σητοφαγετόν.

Χάρτης· κα' × ιδ'· φ. τξγ'· γρ. ιθ'.

423

ميامر فم الذهب

شهادة القديس بروكويوس

ميامر اغريغوريوس سوريانوس وباسيليوس

قصة القديس ثاوظوسيوس

خبر انشاه امونيوس الراهب المستشهد فى طور سينا

قصة مار افرام

خبر وجود نقل راس يوحنا سابق الرب

شهادة الاربعين مستشهدين فى سبسطية

ذكر مريم المصرية

α'. Κηρύγματα Χρυσοστόμου.

β'. Μαρτύριον τοῦ 'Αγίου Βαρουχίου.

γ'. Κηρύγματα Γρηγορίου Σύρου καὶ Βασιλείου.

δ'. 'Ιστορία τοῦ 'Αγίου Θεοδοσίου.

ε'. 'Ιστορία λεγομένη ὑπὸ 'Αμμωνίου Μοναχοῦ τοῦ μεμαρτυρημένου ἐν τῷ ὄρει Σινᾶ.

ϛ'. Βίος Μὰρ 'Εφραίμ.

ζ΄. Ἱστορία τῆς εὑρέσεως τῆς ἀνακομιδῆς τῆς κεφαλῆς Ἰωάννου Προδρόμου τοῦ Κυρίου.

η΄. Μαρτύριον τῶν μ΄ μεμαρτυρημένων ἐν Σεβαστῇ.

θ΄. Μνήμη τῆς Ἁγίας Μαρίας τῆς Αἰγυπτίας.

Χάρτης· λς΄ × κα΄· φ. χιε΄· γρ. κβ΄. Μ. Χ. ͵αψθδ΄.

424

Συναξάριον.

Ἄνευ ἡμίσεως δεσίμου· ἐλλειπὲς κατὰ τέλος.

Χάρτης· ιζ΄ × ιβ΄· φ. ϙς΄· γρ. ι΄.

425

Τροπάριον.

Χάρτης· κα΄ × ιδ΄· φ. μθ΄ ὧν ιθ΄ ἑλληνιστί· γρ. ις΄.

426

ميامر القديس فم الذهب

Κηρύγματα τοῦ Ἁγίου Χρυσοστόμου.

Χάρτης· ιη΄ × ιγ΄· φ. ξζ΄ ὧν β΄ κεκολλημένα εἰς τὸν δέσιμον· γρ. ια΄.

427

Ἀφῃρημένον.

428

من قول مار افرام : مار اسحاق : فم الذهب : مقاريوس

قصة القديس يوحتا الرحوم

قصة سرابون

شهادة الحارث القديس شاهد بحبران وجميع اصحابه

من قول ابينا اسطبراط

رجعة الصليب بعد ما رده هرقك من بابل الى بيت القدس

من قول القديس انسطاسيوس ريس طور سينا

من قول القديس ابيفانيوس

α'. Λόγοι Μὰρ Ἐφραίμ, Μὰρ Ἰσαάκ, Χρυσοστόμου καὶ Μακαρίου.

β'. Ἱστορία τοῦ Ἁγίου Ἰωάννου τοῦ Ἐλεήμονος.

γ'. Ἱστορία Σεραπίωνος.

δ'. Μαρτύριον τοῦ Ἁγίου γεωργοῦ τοῦ μεμαρτυρημένου ἐν Χεβρὰν καὶ πάντων τῶν μετ' αὐτοῦ.

ε'. Λόγος τοῦ Πατρὸς ἡμῶν (Εὐστρατίου;).

ϛ'. Ἀνακομιδὴ τοῦ Σταυροῦ ὑπὸ Ἡρακλείου ἀπὸ Βαβυλωνίας εἰς τοὺς Ἱεροσολύμους.

ζ'. Λόγος τοῦ Ἁγίου Ἀναστασίου Ἡγουμένου τοῦ ὄρους Σινᾶ.

η'. Λόγος τοῦ Ἁγίου Ἐπιφανίου.

Μεμβράνη· ιϛ' × ια'· φ. τμβ'· γρ. ιδ'.

$$\left.\begin{array}{c} 429 \\ 430 \end{array}\right\}$$

Ἀφῃρημένα.

431

مقالات : مسائل من الانجيل

من قول اغريغوريوس اسقف نازيانزوس

قصة ابينا القديس يوحنا الرحوم

عجب صنعه مارى باسيليوس عند القسيس فى قرية يقال لها سوين فى المجذم

عجائب باسيليوس ونيقولاوس

قصات ارقاذيوس واناريوس واوفيايوس

من قول يوحنا فم الذهب اسقف القسطنطنية فى الدنيا الداهرة

من قول ابينا القديس اثناسيوس

مسائل انطياخس الريس

α'. Κηρύγματα. Συζητήσεις ἐκ τοῦ Εὐαγγελίου.

β'. Λόγος Γρηγορίου Ναζιανζηνοῦ.

γ'. Ἱστορία τοῦ Πατρὸς ἡμῶν τοῦ Ἁγίου Ἰωάννου τοῦ Ἐλεήμονος.

δ'. Θαῦμα ὑπὸ τοῦ Ἁγίου Βασιλείου πεποιημένον λεπρῷ τινι ἐν οἴκῳ Πρεσβυτέρου ἐν τῇ πόλει (Σουήν;).

ε'. Θαύματα Βασιλείου καὶ Νικολαίου.

ϛ'. Ἱστορία Ἀρκαδίου καὶ Ὀνορίου καὶ (Εὐγενίου;).

ζ'. Λόγος Χρυσοστόμου Ἐπισκόπου Κωνσταντινοπόλεως περὶ τοῦ κόσμου τοῦ αἰωνίου.

η'. Λόγος Ἀθανασίου.

θ'. Συζητήσεις Ἀντιόχου Ἡγουμένου.

Ἐλλειπὲς κατ' ἀρχὴν καὶ τέλος.

Μεμβράνη· ιη' × ιγ'· φ. τιβ' ὧν κβ' κακοῦ χάρτου· γρ. κ'.

432 ⎫
433 ⎭

Ἀφῃρημένα.

434

قصة القديس نيقولاوس المعترف
قول القديس افرام
شهادة القديسة امة المسيح بربارة
ميامر القديسين اغريغوريوس وباسيليوس واقليمقس

α'. Ἱστορία τοῦ Ἁγίου Νικολαίου Ἐξομολογητοῦ.

β'. Λόγος τοῦ Ἁγίου Ἐφραίμ.

γ'. Μαρτύριον τῆς ἁγίας Βαρβάρας.

δ'. Κηρύγματα τῶν Ἁγίων Γρηγορίου, καὶ Βασιλείου, καὶ Κλίμακος.

Χάρτης· ιζ' × ιγ'· φ. σμθ'· γρ. ιβ'.

435

ميامر القديس يوحنا ريس طور سينا
Κηρύγματα τοῦ Ἁγίου Ἰωάννου Ἡγουμένου τοῦ ὄρους Σινᾶ.

Χάρτης· ιϛ' × ιβ'· φ. σμθ'· γρ. ι'.

436

مقالات فم الذهب والخ

Κηρύγματα Χρυσοστόμου κ.τ.λ.

Χάρτης· κ΄ × ιδ΄· φ. τπγ΄· γρ. ιϛ΄.

437

اقوال فم الذهب : موسى الذى فى الاسقيط : مار افرام وشعيا

Λόγοι Χρυσοστόμου, Μωϋσέως τοῦ ἐν τῇ Σκῆτι, Μὰρ Ἐφραίμ, καὶ Ἡσαίου.

Χάρτης· κε΄ × ιϛ΄· φ. σλζ΄· γρ. ιε΄.

438

ميامر القديس ذوروثاوس وانسطاسيوس وفم الذهب

Κηρύγματα τῶν Ἁγίων Δωροθέου, Ἀναστασίου, καὶ Χρυσοστόμου.

Χάρτης· κα΄ × ιδ΄· φ. υμη΄· γρ. ιδ΄.

439

الفردس المعقل وايضاح الاشجار والنبتات التى نصبها الله فيه من قول القديس اقليمقس ريس طور سينا ومار افرام ومار باسيليوس والخ

α΄. Ὁ Παράδεισος καὶ ἐξήγησις τῶν δένδρων καὶ τῶν φυτῶν ὑπὸ τοῦ Θεοῦ ἐν αὐτῷ πεφυτευμένων.

β΄. Λόγοι τοῦ Ἁγίου Κλίμακος Ἡγουμένου τοῦ ὄρους Σινᾶ, καὶ Μὰρ Ἐφραίμ, καὶ Βασιλείου κ.τ.λ.

Χάρτης· κβ΄ × ιδ΄· φ. τνθ΄· γρ. κ΄.   Μ. Χ. ͵ασοθ΄.

440

قصص وميامر وغير ذلك من التعليم النافع للنفس

Ἱστορίαι καὶ Κηρύγματα καὶ ἄλλα πράγματα ὠφέλιμα εἰς τὴν ψυχήν.

Χάρτης· κα΄ × ιδ΄· φ. τκη΄· γρ. ιϛ΄.

441

كتاب السرائر التى اطلع المسيح
من علم دين النصرانية

α'. Βιβλίον τῶν μυστηρίων τῶν ὑπὸ Χριστοῦ ἀποκε-
καλυμμένων.

β'. Περὶ διδαχῆς τῆς χριστιανικῆς θρησκείας.

*γ'. Ἐξήγησις τοῦ χριστιανικοῦ δόγματος ὑπὸ Πέτρου
Ἐπισκόπου بيت راس.

*δ'. Περὶ τοῦ νόμου Μωϋσέως ὑπὸ Θεοδώρου Ἐπισκόπου
حران.

*ε'. Λόγος τοῦ Ἁγίου Χρυσοστόμου περὶ προσευχῆς
καὶ νηστείας.

*ϛ'. Τὸ Πρωτευαγγέλιον μετ' ἀποσπασμάτων τοῦ Εὐαγ-
γελίου τῆς νηπιότητος.

*ζ'. Ἀνακομιδὴ τῆς Παναγίας ὑπὸ τοῦ Ἁγίου Ἰωάννου
υἱοῦ Ζεβεδαίου.

*η'. Μῦθος τοῦ Ἁγίου Ἀντωνίου.

*θ'. Μῦθος τῶν Ἁγίων Πέτρου καὶ Παύλου.

Χάρτης· κγ' × ιϛ'· φ. τκδ'· γρ. ιγ' καὶ κδ'.

442

مسلة سالها اثنان من اهل الاسقيط من شيخا الرهبان
ساكنا فى دير ......

Ζήτημα δύο κατοικούντων τῆς Σκῆτι ἀπὸ δύο Πρεσ-
βυτέρων τῶν Μοναχῶν τῶν κατοικούντων ἐν τῇ Μονῇ......

Χάρτης· ιζ' × ιβ'· φ. τιβ'· γρ. ιε'.

443

ميامر اغريغوريوس ومار افرام وفم الذهب
شهادة فيرونيا الناسكة ودمتريوس

α'. Κηρύγματα Γρηγορίου, καὶ Μὰρ Ἐφραίμ, καὶ
Χρυσοστόμου.

β΄. Μαρτύριον Φευρωνίας Ἐρημίτου, καὶ Δημητρίου.
Χάρτης· κ΄ × ιγ΄· φ. τί΄ γρ. ιδ΄.

444

ميامر القديس اسحاق والخ

Κηρύγματα Μὰρ Ἰσαάκ, κ.τ.λ.
Χάρτης· κε΄ × ις΄· φ. τξγ΄· γρ. κ΄.

445

مقالات فم الذهب واندراوس ومار افرام
سيرة القديس بولس فم الرب
* قصة متاوس واندراوس وكرزهم
* شهادة القديس كبريانوس .. ويوستية القديسة
* رسالة ابجر ملك الرها
* الفرايض والسنن والاحكام التى وضعها بولس
* تذكرة ما فعل بربنا...على عمد بيلاطس
* قوانين اقليمس بابا رومية
* كتاب اطسمة باليونانى كتاب الستون......

α΄. Κηρύγματα Χρυσοστόμου, καὶ Ἀνδρέου καὶ Μὰρ Ἐφραίμ.

β΄. Βίος τοῦ Ἁγίου Παύλου στόματος τοῦ Κυρίου.

γ΄. Μῦθος τῶν Ἁγίων Ματθαίου καὶ Ἀνδρέου καὶ κήρυξις αὐτῶν.

δ΄. Μαρτύριον τῶν Ἁγίων Κυπριανοῦ καὶ Ἰούστης.

ε΄. Ἐπιστολὴ Ἀβγάρου Βασιλέως Ἐδέσσης.

ς΄. Ἐντολαὶ καὶ συνήθειαι καὶ κελεύσματα ὑπὸ τοῦ Ἁγίου Παύλου κατασταθέντα.

ζ΄. Μνήμη τῶν συμβάντων τῷ Κυρίῳ...ἐπὶ Πιλάτου.

η΄. Κανόνες Κλήμεντος Πάπα Ῥώμης.

θ΄. Βιβλίον Συλλογῆς ἐν τῇ ἑλληνικῇ γλώσσῃ. Βιβλίον τῶν ἑξήκοντα.

Χάρτης· ις΄ × ια΄· φ. υλε΄. Μ. Χ. ͵ασλγ΄.

446

ميامر مقاريوس

Κηρύγματα τοῦ Ἁγίου Μακαρίου.

Ἐλλειπὲς κατὰ τέλος, ἄνευ δεσίμου.

Χάρτης· κα΄ × ιδ΄· φ. σλ΄· γρ. ιζ΄.

447

مقالات فم الذهب

رسالة مار افرام

قصة يوصف الصديق

اعلان يوحنا الانجيلى

قصة القديس بولا عند ما ظهر له الشيطان

α΄. Κηρύγματα τοῦ Ἁγίου Χρυσοστόμου.

β΄. Ἐπιστολὴ Μὰρ Ἐφραίμ.

γ΄. Ἱστορία Ἰωσὴφ τοῦ Πιστοῦ.

δ΄. Ἀποκάλυψις Ἰωάννου Εὐαγγελιστοῦ.

ε΄. Ἱστορία τοῦ Ἁγίου Παύλου ὅταν ἐφαίνετο αὐτῷ ὁ Διάβολος.

Χάρτης· κε΄ × ις΄· φ. σλζ΄· γρ. ιζ΄.

448

قصة فى برية الاسقيط ...... الداخلة فى مغارة

قصة الظوبانين الذين تركوا العالم فى ايام ارميا النبى

من اقوال مار يعقوب

α΄. Ἱστορία ἐν τῇ ἐρήμῳ τῆς Σκήτι......τῆς εἰς ἄντρον εἰσελθούσης.

β΄. Ἱστορία τῶν Θηβαίων τῶν ἀφέντων τὸν κόσμον κατὰ τοὺς χρόνους Ἱερεμίου Προφήτου.

γ΄. Λόγοι Μὰρ Ἰακώβου.

Χάρτης· κα΄ × ιγ΄· φ. τκγ΄· γρ. κγ΄.

448 bis

قصة هارون الكاهن

رسالة القديس ديونيسيوس الى تيموثاوس

قصة مار الياس النبى والخ

α΄. Ἱστορία Ἀαρὼν Ἱερέως.

β΄. Ἐπιστολὴ τοῦ Ἁγίου Διονυσίου πρὸς Τιμόθεον.

γ΄. Ἱστορία Μὰρ Ἠλίου Προφήτου κ.τ.λ.

449

Ἀφῃρημένον.

450

Συναξάριον.

Χάρτης· ιε΄ × ια΄· φ. ρλγ΄ ὧν η΄ συριστί· γρ. ιβ΄.

451

دستور الامانة المستقيمة يوحنا الدمشقى
اعتراف المخالفين الراهبين الى الكنيسة المسيحية الارثدكس

α΄. Σύμβολον τῆς Πίστεως Ἰωάννου Δαμασκηνοῦ.

β΄. Ἐξομολόγησις τῶν ἀντιλεγομένων τοῖς Μοναχοῖς πρὸς τὴν χριστιανικὴν ἐκκλησίαν τὴν ὀρθοδόξον.

γ΄. Ἀκολουθία.

Ἐν συριακὸν φύλλον ἐν τῷ δεσίμῳ.

Χάρτης· ιθ΄ × ιγ΄· φ. ρις΄· γρ. ις΄.

452

مقالات فم الذهب وباسيليوس والخ

Κηρύγματα Χρυσοστόμου, καὶ Βασιλείου, κ.τ.λ.

Πολλὰ φύλλα ἄγραφα.

Χάρτης· ιε΄ × ι΄· φ. σιγ΄· γρ. ιθ΄.   Μ. Χ. ͵αψλθ΄.

453

اعتقاد النصارى المستقيمين الامانة
مقالات ثالاسيوس

α΄. Σύμβολον τῶν Χριστιανῶν τῶν διατηρούντων τὴν Πίστιν.

β΄. Κηρύγματα Θαλασσίου.

Χάρτης· ις΄ × ιγ΄· φ. ρκθ΄ ὧν η΄ ἄγραφα· γρ. ιγ΄.

454

من قول القديس اثانسيوس

Λόγοι τοῦ Ἁγίου Ἀθανασίου.

Χάρτης· κε΄ × ιζ΄· φ. πθ΄· γρ. κα΄.

455

مقالات يوحنا الدمشقى واندراوس ومار افرام سوريانوس
وفم الذهب وابيفانيوس

Κηρύγματα Ἰωάννου Δαμασκηνοῦ, καὶ Ἀνδρέου, καὶ Μὰρ
Ἐφραὶμ Σύρου, καὶ Χρυσοστόμου, καὶ Ἐπιφανίου.

Χάρτης· κ΄ × ιγ΄· φ. τϙη΄ ὧν β΄ λατινιστί· γρ. ιε΄.

456

قصة نمرود ابن كنعان (sic)
قصة الملك اسكندر ذى القرنين
اقوال مار اسحاق ومار افرام ويوحنا الناسك بطرك القسطنطنية
قوانين الاعتراف
قصة بنت اخرى مرتجن ابن اخر ارميا النبى (استير المالكة)
كتاب التاريخ تاليف محبوب ابن قسطنطين
اخبار ابينا ابرهيم
خبر اندرونيقس وحرمته اثاناسية

α΄. Ἱστορία Νεβρὼδ υἱοῦ Χαναάν (sic).

β΄. Ἱστορία Ἀλεξάνδρου Βασιλέως τοῦ Κερασφόρου.

γ΄. Λόγοι Μὰρ Ἰσαάκ, καὶ Μὰρ Ἐφραίμ, καὶ Ἰωάννου
Ἐρημίτου Πατριάρχου Κωνσταντινοπόλεως.

δ΄. Κανόνες τῆς Ἐξομολογήσεως.

ε΄. Ἱστορία τῆς νεωτάτης θυγατρὸς (Μαρταγάνου;) νεω-
τάτου υἱοῦ Ἱερεμίου Προφήτου (Ἐσθὴρ τῆς Βασιλίσσης).

ϛ΄. Βιβλίον ἱστορικοῦ συγγράμματος διὰ τὸν ἀγαπητὸν
υἱὸν Κωνσταντίνου.

ζ΄. Ἱστορία τοῦ Πατρὸς ἡμῶν Ἀβραάμ.

η΄. Ἱστορία Ἀνδρονίκου καὶ τῆς συζύγου αὐτοῦ Ἀθα-
νασίας.

Χάρτης· κϛ΄ × ιη΄· φ. ροδ΄· γρ. ιθ΄.

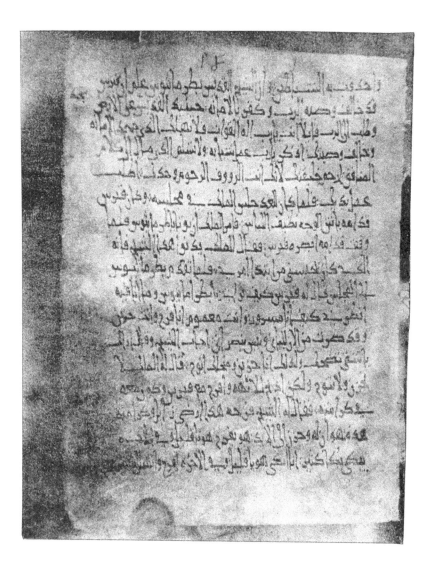

†457

شهادة اغناتيوس من انطاكية ثاني بعد بطرس السليح

شهادة شابوب والخ

من قول بطرس بطريرك اسكندرية

من قول اندريوس اسقف قسارية

من قول مار باسيليوس

من قول ابفانيوس اسقف قبرس

قصة ثقلة

شهادة انكريانوس على يد مقسيميانوس

من قول فم الذهب

شهادة بنفوتوس

α΄. Μαρτύριον Ἰγνατίου Ἀντιοχείας διαδόχου Πέτρου
Ἀποστόλου.

β΄. Μαρτύριον τοῦ Ἁγίου Σάββα κ.τ.λ.

γ΄. Λόγος Πέτρου Πατριάρχου Ἀλεξανδρείας.

δ΄. Λόγος Ἀνδρέου Ἐπισκόπου Καισαρείας.

ε΄. Λόγος τοῦ Ἁγίου Βασιλείου.

ϛ΄. Λόγος Ἐπιφανίου Ἐπισκόπου Κύπρου.

ζ΄. Μῦθος τῆς Ἁγίας Θέκλης.

η΄. Μαρτύριον Νικάνδρου ὑπὸ Μαξίμου.

θ΄. Λόγος τοῦ Ἁγίου Χρυσοστόμου.

ι΄. Μαρτύριον Βονιφατίου.

Μεμβράνη· κβ΄ × ιζ΄· φ. ρλϛ΄· γρ. κ΄.

458 ⎫
459 ⎭

Ἀφῃρημένα.

†460

قصة اقليمس تلميذ مار بطرس

قول مار يعقوب على مجمع الاول الذى فى نيقية

α΄. Ἱστορία Κλήμεντος Μαθητοῦ τοῦ Ἁγίου Πέτρου.

β΄. Λόγος Μὰρ Ἰακώβου ἐν τῇ πρώτῃ Συνόδῳ τῇ ἐν Νικαίᾳ.

*γ΄. Μαρτύριον...κατὰ τοὺς χρόνους Γρηγορίου Ἐπισκόπου Ἀρμενίας.

*δ΄. Μαρτύριον τῆς Ἁγίας Φευρωνίας.

*ε΄. Ἱστορία τοῦ Ἁγίου Κλήμεντος Ῥώμης.

*ς΄. Ἱστορία τοῦ Ἁγίου Ξενοφῶντος καὶ Μαρίας καὶ τῶν υἱῶν αὐτῶν Ἰωάννου καὶ Ἀρκαδίου.

*ζ΄. Σύγγραμμα τοῦ Ἁγίου Χρυσοστόμου.

*η΄. Σύγγραμμα Μὰρ Ἰακώβ.

*θ΄. Μαρτύριον τοῦ Ἁγίου Παπιανοῦ Ἐπισκόπου καὶ τριῶν παίδων.

*ι΄. Μαρτύριον τῶν Ἁγίων (Σαβαΐνου;) καὶ Δωροθέας.

*ια΄. Μαρτύριον (Μαρτινιανοῦ;) καὶ Κύπρου.

Ἐλλειπὲς κατ' ἀρχὴν καὶ τέλος.

Μεμβράνη· κβ΄ × ιε΄· φ. ρδ΄· γρ. ιη΄.

461

شهادات يوحنا وبولص الرسول ويعقوب وبطرس اسكندرية والخ
*قصة بولس الرسول وما اظهر له ربنا المسيح من امور الناس

Μαρτυρολόγιον.

α΄. Μαρτυρίαι Ἰωάννου καὶ Παύλου καὶ Ἰακώβου καὶ Πέτρου Ἀλεξανδρείας, κ.τ.λ.

*β΄. Ἐπιστολὴ Φιλοθέου...ὑπὸ τῶν Ἰουδαίων ἐν Τύρῳ τῇ πόλει μεμαρτυρημένου.

*γ΄. Ἀποκάλυψις τοῦ Ἁγίου Παύλου.

Ἐλλειπὲς κατ' ἀρχὴν καὶ διεσπασμένον κατὰ τέλος.

Μεμβράνη· κα΄ × ις΄· φ. ριζ΄· γρ. κ΄.

462 ⎫
463 ⎬
464 ⎪
465 ⎭

Ἀφῃρημένα.

† 466

Συναξάριον.

Πολὺ διεφθαρμένον.

Χάρτης· ις΄ × ιβ΄· φ. ρπέ· γρ. ιβ΄.

467

مسائل اهل الاسقيط من الرهبان

عظة

α΄. Συζητήσεις τῶν ἐγχωρίων τῆς Σκῆτι ἀπὸ τῶν Μοναχῶν.

β΄. Κήρυγμά τινος.

Ἐλλειπὲς κατ᾽ ἀρχὴν καὶ τέλος.

Χάρτης· ιζ΄ × ιγ΄· φ. σνα΄· γρ. ιβ΄.

468

اقوال القديسين

Λόγοι τῶν Ἁγίων.

Φύλλα γ΄ ἄγραφα· ἐλλειπὲς κατ᾽ ἀρχήν.

Χάρτης· ιη΄ × ιγ΄· φ. ρκέ· γρ. ιγ΄.

469

قول القديس افرام

قصة اخارفليوس السليح

Λόγος Μὰρ Ἐφραίμ.

Ἱστορία (Ἀρχίππου;) Ἀποστόλου.

Ἐλλειπὲς κατ᾽ ἀρχήν.

Χάρτης· ιζ΄ × ιβ΄· φ. ριζ΄· γρ. ιζ΄.

470

قول فم الذهب

Λόγος τοῦ Ἁγίου Χρυσοστόμου.

Χάρτης· ιζ΄ × ιβ΄· φ. ρξ΄· γρ. ιγ΄.

471

تفاسير

Σχόλια.

Ἐλλειπὲς κατ᾽ ἀρχὴν καὶ τέλος.

Χάρτης· ις΄ × ιβ΄· φ. σβ΄· γρ. ιγ΄.

472

هياكل النور السبعة
مقالات

Οἱ ἑπτὰ Ναοὶ τοῦ φωτός.

Κηρύγματα (ἀγνώστου).

Χάρτης· φ. ρπγ'.

473

كتاب عجائب
رسالة اكليستينس بابا رومية

α'. Βιβλίον Θαυμάτων.

β'. Ἐπιστολὴ Κελεστίνου Παπᾶ ῾Ρώμης.

Πολὺ διεφθαρμένον.

Χάρτης· ις' × ιγ'· φ. πζ'· γρ. ιβ'.

474

من قول القديس كرللس قاله على دخول ربنا الى الكنيسة
لمصر اربعين يوماً

من قول القديس يوحنا فم الذهب قاله على الابن الشاطر
وقوله فى الفريسى والعشار وعلى النازل من اورشليم الى يريحا
والخ

α'. Λόγος τοῦ ῾Αγίου Κυρίλλου περὶ τῆς εἰσόδου τοῦ
Κυρίου εἰς τὴν ἐκκλησίαν ἐν Αἰγύπτῳ τῇ τεσσαρακοστῇ
ἡμέρᾳ.

β'. Λόγοι τοῦ ῾Αγίου Ἰωάννου Χρυσοστόμου περὶ τοῦ
ἀσώτου υἱοῦ, περὶ τοῦ Φαρισαίου καὶ τοῦ τελώνου, καὶ περὶ
τοῦ ἀνθρώπου ὅστις κατέβη ἀπὸ Ἰερουσαλὴμ εἰς Ἰερειχώ,
κ.τ.λ.

Χάρτης· κα' × ιβ'· φ. τκη'· γρ. ιη'.

475

مقالات مار افوام واغريغوريوس وفم الذهب
قصة مقيلونثيوس القديس
شهادة بنوفاتيوس
قصة الرسل بطرس وبولص

قصة مقاريوس
قصة مكسيموس وطوماتيوس
رسالة ديونسوس الى تموثاوس
قصة يوسف

α΄. Κηρύγματα Μὰρ Ἐφραίμ, καὶ Γρηγορίου, καὶ Χρυσοστόμου.

β΄. Ἱστορία τοῦ Ἁγίου (Μεγαλυνθέου;).

γ΄. Μαρτύριον Βονιφατίου.

δ΄. Ἱστορία Πέτρου καὶ Παύλου Ἀποστόλων.

ε΄. Ἱστορία Μακαρίου.

ϛ΄. Ἱστορία Μαξίμου καὶ Δαμαδίου.

ζ΄. Ἐπιστολὴ Διονυσίου πρὸς Τιμόθεον.

η΄. Ἱστορία Ἰωσήφ.

Χάρτης· κα΄ × ια΄· φ. σοβ΄· γρ. ιζ΄.

476

اقوال مقاريوس والخ

Λόγοι Μακαρίου κ.τ.λ.

Ἐλλειπὲς κατ᾽ ἀρχὴν καὶ τέλος.

Χάρτης· κε΄ × ιζ΄· φ. σ΄· γρ. κ΄.

477

اقوال فم الذهب والخ

Λόγοι Χρυσοστόμου κ.τ.λ.

Χάρτης· κα΄ × ιδ΄· φ. ρκϛ΄· γρ. ιζ΄.

†478

من تعليم مار باسيليوس ويوحنا فم الذهب

Ἐκ τῆς διδαχῆς Βασιλείου καὶ Χρυσοστόμου.

Ἐλλειπὲς κατ᾽ ἀρχήν.

Χάρτης· κα΄ × ιδ΄· φ. σξ΄· γρ. ιε΄.

479

Συναξάριον.

Χάρτης· ιϛ΄ × ια΄· φ. π΄ ὦν ζ΄ ἄγραπτα· γρ. κ΄.

480

تفاسير

Σχόλια (ἀγνώστου).

Ἐλλειπὲς κατ' ἀρχὴν καὶ τέλος.

Χάρτης· κβ' × ιε' · φ. ρλ' · γρ. ιζ'.

481

انسطاسيوس اجوبة عن المسائل

من قول القديس اغريغوريوس فى تـفسير ابينا الذى فى السماوات

مسائل

قانون خشوعى من عمل القديس اندراوس اسقف جزيرة

α'. Ἀναστασίου ἀπαντήσεις εἰς τὰ ζητήματα.

β'. Λόγος τοῦ Ἁγίου Γρηγορίου περὶ τοῦ Πάτερ ἡμῶν.

γ'. Συζητήσεις.

δ'. Κανόνες μετανοητικοὶ ὑπὸ τοῦ Ἁγίου Ἀνδρέου Ἐπισκόπου Γεζίρας (Ἐδέσσης).

Χάρτης· κϛ' × ιϛ' · φ. τλδ' · γρ. κα'.

482

شهادة القديس لنجنيوس

مديح السليح خدن لوقاس بولص الرسول تلميذ المسيح

قضعة اللوغوثانس بالقسطنطنية

ميامر اندراوس وباسيليوس

رسالة ديونيسيوس الى طيموثاوس

ميمر يوحنا الدمشقى

α'. Μαρτύριον τοῦ Ἁγίου Λογγίνου.

β'. Ἐγκώμιον Λουκᾶ Ἀποστόλου συντρόφου Παύλου Ἀποστόλου Μαθητοῦ Χριστοῦ.

γ'. Μαρτύριον (Λαυρεντίου;) ἐν Κωνσταντινοπόλει.

δ'. Κηρύγματα Ἀνδρέου καὶ Βασιλείου.

ε'. Ἐπιστολὴ Διονυσίου πρὸς Τιμόθεον.

ϛ'. Κήρυγμα Ἰωάννου Δαμασκηνοῦ.

Χάρτης· κδ' × ιε' · φ. σϞζ' · γρ. κ'.

483

Λόγοι θεολογικοὶ (ἀγνώστου).

Χάρτης· κε΄ × ιϛ΄· φ. σοθ΄· γρ. κα΄.   Μ. Χ. ͵αρϞζ΄.

484

Συναξάριον.

Χάρτης· κα΄ × ιδ΄· φ. ρνβ΄· γρ. ιζ΄.

485

بشارة التلميذين برثولوماوس واندراوس

قصة مار الياس وما صنع مع الصبى خادم كنيسة

ما ظهر للقديس يوحنا المتكلم باللاهوت عن دينونة يوم
القيامة

رسالة ابهر ابن معموق ملك الرها وهو بين النهرين ويقال
لها الجزيرة

جواب

مسائل اغريغوريوس

α΄. Διδασκαλία τῶν Μαθητῶν Βαρθολομαίου καὶ Ἀν-
δρέου.

β΄. Ἱστορία Μὰρ Ἡλίου καὶ τῶν ἔργων αὐτοῦ μετὰ
τοῦ νεανίου διακόνου τῆς ἐκκλησίας.

γ΄. Ὅτι ἐφάνθη τῷ Ἁγίῳ Ἰωάννῃ ὃς ἐπεκλήθη ὁ Θεο-
λόγος περὶ κρίσεως ἐν τῇ ἡμέρᾳ τῆς Ἀναστάσεως.

δ΄. Ἐπιστολὴ Ἀβγάρου υἱοῦ (Μαμοὺκ;) Βασιλέως
Ἐδέσσης ἐν Μεσοποταμίᾳ τῆς κληθείσης Γεζίρας.

ε΄. Ἀπάντησις.

ϛ΄. Συζητήσεις Γρηγορίου.

Φύλλα συριακά τινα ἐν τῷ δεσίμῳ.

Χάρτης· ιϛ΄ × ιβ΄· φ. ρλγ΄· γρ. ιγ΄.

486

مقالات مكسيمس

من اقوال القديس يوحنا فم الذهب ومار اسحاق

كلمة داود النبى والقديس مقاريوس

α'. Λόγοι Μαξίμου.

β'. Λόγοι Χρυσοστόμου καὶ Μὰρ Ἰσαάκ, καὶ Δαβὶδ Προφήτου καὶ Μακαρίου.

Ἐλλειπὲς κατὰ τέλος.

Χάρτης· ιγ' × ι'· φ. ρξζ'· γρ. ια'.

487

الرسالة التى نزلت من السما فى رومية الكبرى على ايام البطرك اثاناسيوس
قصة السيدة مريم عند انتقالها من هذا العالم الى العالم العلوى ليوحنا الانجيلى

α'. Ἡ ἐπιστολὴ ἡ ὁποία ἔπεσεν ἀπὸ τῶν οὐρανῶν ἐν τῇ μεγάλῃ Ῥώμῃ κατὰ τοὺς χρόνους Ἀθανασίου Πατριάρχου.

β'. Ἱστορία τῆς Παναγίας Μαρίας ὅταν ἀνελήφθη ἀπ' αὐτοῦ τοῦ κόσμου εἰς τὸν οὐράνιον κόσμον ὑπὸ Ἰωάννου Εὐαγγελιστοῦ.

Χάρτης· ιε' × ια'· φ. ριδ'· γρ. ια'.

488

خبر القديس اوبوفريوس

Ἱστορία τοῦ Ἁγίου Εὐπρεπίου.

Χάρτης· ιη' × ιγ'· φ. νβ'· γρ. ιδ'.

489

قصة يوسف

Ἱστορία Ἰωσήφ.

Ἐλλειπὲς κατ' ἀρχὴν καὶ τέλος.

Χάρτης· κα' × ιγ'· φ. οη'· γρ. ιδ'.

490

مقالات اثاناسيوس وانسطاسيوس وذيونيسيوس واقليمقس
قوانين

α'. Κηρύγματα Ἀθανασίου, καὶ Ἀναστασίου, καὶ Διονυσίου, καὶ Κλίμακος.

β'. Κανόνες.

Χάρτης· κς' × ις'· φ. υπα'· γρ. ιη'.

491

مقالات

Κηρύγματα (ἀγνώστου).
Χάρτης· κ' × ιγ'· φ. τμβ'· γρ. ιε'.

492

اقوال القديس انطونيوس والخ

Λόγοι τοῦ Ἁγίου Ἀντωνίου κ.τ.λ.
Ἐλλειπὲς κατὰ τέλος.
Χάρτης· κϛ' × ιη'· φ. σοζ'· γρ. κ'.

493

مقالات

Κηρύγματα (ἀγνώστου).
Ἐλλειπὲς κατ' ἀρχὴν καὶ τέλος.
Χάρτης· κβ' × ιδ'· φ. ρϙ'· γρ. ιϛ'.

494

اقوال معلم وتلميذ

Ἐρωταποκρίσεις μεταξὺ Διδασκάλου καὶ Μαθητοῦ.
Χάρτης· κ' × ιδ'· φ. υι'· γρ. ιε'.

495

اقوال معلم

Λόγοι διδασκάλου τινός.
Ἐλλειπὲς κατ' ἀρχὴν καὶ τέλος.
Χάρτης· ιθ' × ιγ'· γρ. ια'.

+496

عظات مارى باسيليوس اسقف قيسارية

Λόγοι τοῦ Ἁγίου Βασιλείου Ἐπισκόπου Καισαρείας.
Ἐλλειπὲς κατ' ἀρχήν.
Χάρτης· κ' × ιγ'· φ. ροα'· γρ. ιη'.

497

انتقال مرتمريم من الارض والخ

Ἀνάληψις τῆς ἁγίας Παρθένου κ.τ.λ.

Ἐλλειπὲς κατ' ἀρχὴν καὶ τέλος.

Χάρτης· ιη′ × ιδ′· φ. ροδ′· γρ. ιβ′.

+498

اخبار القديسين

من قول اوستراتيوس والخ

α′. Συναξάριον.

β′. Λόγοι Εὐστρατίου κ.τ.λ.

Χάρτης· ιζ′ × ιβ′· φ. σξγ′· γρ. ιδ′.

499

كتاب كتبه ثداوس الراهب

اقوال المعلم

α′. Βιβλίον ὑπὸ Θαδδαίου Μοναχοῦ γεγραμμένον.

β′. Λόγοι διδασκάλου.

Χάρτης· ιη′ × ιγ′· φ. σι′· γρ. ιδ′.

500

Λόγος θεολογικός.

Ἄνευ ἀρχῆς καὶ τέλους καὶ τίτλου.

Χάρτης· ιη′ × ιβ′· φ. σϟβ′· γρ. ιβ′.

501

مسائل القديس افرام

Συζητήσεις Μὰρ Ἐφραίμ.

Χάρτης· ιζ′ × ιβ′· φ. οε′ ὧν ἓν ἄγραφον· ἓν συριακὸν φύλλον ἐν τῷ δεσίμῳ.

502

رسالة ديونيسيوس الى تيموتاوس

ميمر فم الذهب

نقلة مرتمريم من العالم

α΄. Ἐπιστολὴ Διονυσίου πρὸς Τιμόθεον.

β΄. Κήρυγμα Χρυσοστόμου.

γ΄. Ἀνάληψις τῆς Παναγίας Μαρίας ἐκ τοῦ κόσμου.

Χάρτης· κε΄ × ιζ΄· φ. ριγ΄· γρ. ιη΄.

503

قصة القديس ابيفانيوس
قصة اغريغوريوس

α΄. Ἱστορία τοῦ Ἁγίου Ἐπιφανίου.

β΄. Ἱστορία Γρηγορίου.

Χάρτης· κβ΄ × ις΄· φ. πβ΄ ὧν ε΄ ἄγραφα· γρ. ιζ΄.

504

ميامر ثاوذورس ومار افرام ويسطس وابيفانيوس اسقف قبرص
وفم الذهب ويوحنا الدمشقى

Κηρύγματα Θεοδώρου, Μὰρ Ἐφραίμ, Ἰούστου, Ἐπι-
φανίου Ἐπισκόπου Κύπρου, Χρυσοστόμου, καὶ Ἰωάννου
Δαμασκηνοῦ.

Σητοφαγητόν.

Χάρτης· λβ΄ × κγ΄· γρ. ιη΄· ἐκ τοῦ δεκάτου τετάρτου
αἰῶνος.

505

اخبار القديسين

Ἱστορίαι τῶν Ἁγίων.

Πολλὰ φύλλα διεσπασμένα κατ᾽ ἀρχὴν καὶ ἐλλειπὲς
κατὰ τέλος.

Χάρτης· κε΄ × ιζ΄· φ. τλζ΄· γρ. ιη΄.

506

من قول انسطاسيوس على المزمور السادس
من قول القديس يوحنا فم الذهب على الصوم النقى
من قول القديس ثوذلس على الصوم
من قول القديس مارى باسيليوس على الغنى والعازر
مصحف الذى يقال له بستان الابانسخ
من مصحف الاستكية القديسين

α΄. Λόγος Ἀναστασίου περὶ τοῦ ἕκτου ψαλμοῦ.

β΄. Λόγος τοῦ Ἁγίου Ἰωάννου Χρυσοστόμου περὶ τῆς ἁγίας νηστείας.

γ΄. Λόγος τοῦ Ἁγίου Θεοδούλου περὶ νηστείας.

δ΄. Λόγος τοῦ Ἁγίου Βασιλείου περὶ τοῦ πλουσίου καὶ Λαζάρου.

ε΄. Βιβλίον οὗ τὸ ὄνομα Παράδεισος Ἀβάνσοχ.

ϛ΄. Ἐκ τοῦ βιβλίου τῶν Ἁγίων (Ἀσκητῶν;).

Διεσπασμένον καὶ ἐλλειπὲς κατ᾽ ἀρχὴν καὶ τέλος.

Χάρτης· κα΄ × ιδ΄· φ. ροζ΄· γρ. ιζ΄.

507

تفاسير

قصة مار جرجس

عجائب مار جرجس

α΄. Ἐξηγήσεις.

β΄. Ἱστορία Μὰρ Γεωργίου.

γ΄. Θαύματα Μὰρ Γεωργίου.

Ἐλλειπὲς κατ᾽ ἀρχὴν καὶ τέλος.

Χάρτης· κα΄ × ιδ΄· φ. ρξγ΄ ὧν γ΄ ἄγραπτα· γρ. ιη΄.

508

قصة تعرف اقليمس بوالديه واخوته من قبل بطرس الرسول

راس السليحين المغبوط بالامانة وهذا تعليم بطرس السليح

من قول القديس ذروثيوس

قصص الابهات الرهبان القديسين

قصة اخبار ثياب ربنا يسوع المسيح

من وصايا ابينا اشعيا

من قول مار اسحاق

قصة نفنوثيوس

تذكرة ما فعل سيدنا يسوع المسيح على عهد بلاطوس البنطى

اقوال الابهات

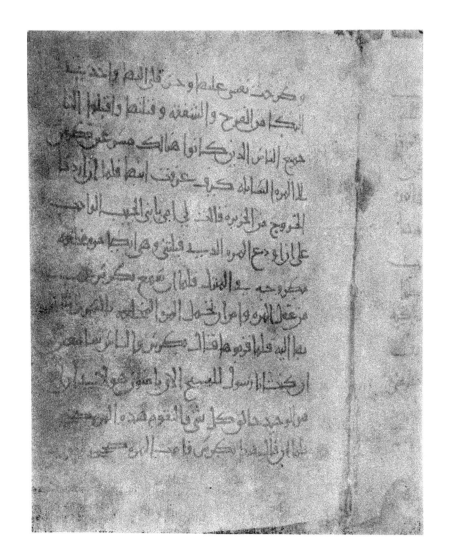

من قول اضمطاسيوس
احد كتب اقليمس القديس السليح تلميذ سمعان الصفا
المكتومة التى امر القديس اقليمس ان يسترها
تسابيح الملائكة

α΄. Ἱστορία διηγουμένη ὑπὸ Κλήμεντος περὶ τῶν γονέων καὶ ἀδελφῶν αὐτοῦ παρόντος Πέτρου Ἀποστόλου Ἡγουμένου τῶν Ἀποστόλων εὐλογημένου ἐν τῇ πίστει, καὶ αὕτη ἐστὶν ἡ διδαχὴ Πέτρου Ἀποστόλου.

β΄. Λόγος τοῦ Ἁγίου Δωροθέου.

γ΄. Ἱστορίαι τῶν Ἁγίων Μοναχῶν.

δ΄. Μῦθος τῶν ἱματίων τοῦ Κυρίου ἡμῶν Ἰησοῦ Χριστοῦ.

ε΄. Ἐκ τῶν ἐντολῶν τοῦ πατρὸς ἡμῶν Ἡσαίου.

ϛ΄. Λόγος Μὰρ Ἰσαάκ.

ζ΄. Λόγος (Νεοφύτου;).

η΄. Μνήμη τῶν πεποιημένων ὑπὸ τοῦ Κυρίου ἡμῶν Ἰησοῦ Χριστοῦ παραγγελίᾳ Ποντίου Πιλάτου.

θ΄. Λόγοι τῶν Πατέρων.

ι΄. Λόγος Θαυμασίου.

ια΄. Ἓν τῶν βιβλίων τοῦ Ἁγίου Κλήμεντος Ἀποστόλου Μαθητοῦ Σίμωνος Κηφᾶ· τὸ μυστήριον ὅτι ἐκέλευσεν ὁ Ἅγιος Κλήμης ἵνα σιωπηθῇ.

ιβ΄. Ὠδαὶ τῶν Ἀγγέλων.

Χάρτης· κ΄ × ιε΄· φ. ρνϛ΄ ὧν ε΄ μεμβράνης· γρ. ιζ΄.

509

كلام فى فصول الدموع واقسامها

Λόγος περὶ τῶν δακρύων καὶ τῶν εἰδῶν αὐτῶν.

Χάρτης· κβ΄ × ιε΄· φ. σπγ΄· γρ. ιη΄.

510

Θεολογικὸς λόγος (ἀγνώστου).

Ἐλλειπὲς κατ᾽ ἀρχὴν καὶ τέλος.

Χάρτης· ιζ΄ × ιγ΄· φ. σβ΄· γρ. ιδ΄.

511

'Αφῃρημένον.

512

صلوات
قصة امراة تقال لها مريم المصرية

α'. Προσευχαί.

β'. Ἱστορία τῆς Ἁγίας Μαρίας τῆς Αἰγυπτίας.

Χάρτης· ιγ' × θ'· φ. σκε'· γρ. ια'.

†513

Λόγος θεολογικός.

Πολὺ διεφθαρμένον. Ἄνευ δεσίμου, καὶ ἀρχῆς, καὶ τέλους.

Χάρτης· κ' × ιδ'· φ. υλδ'· γρ. ιζ'.

514
515

'Αφῃρημένα.

†516

Ἱστορία διώξεως.

Ἄνευ τίτλου· ἐλλειπὲς κατ' ἀρχὴν καὶ τέλος.

Μεμβράνη· κβ' × ιε'· φ. ϙβ'· γρ. ιζ'.

517
518
519

'Αφῃρημένα.

†520

ميامر يوحنا المغبوط فم الذهب والخ

Κηρύγματα τοῦ δικαίου Ἰωάννου, Χρυσοστόμου, κ.τ.λ.

Πολὺ διεφθαρμένον.

Χάρτης· ιη' × ιδ'· φ. σϙα'· γρ. ιδ'.

521

اقوال فم الذهب

Λόγοι Χρυσοστόμου.

Πολὺ διεφθαρμένον.

Χάρτης· ιθ΄ × ιδ΄· φ. ρμη΄· γρ. ιε΄.

522

قصة الطاهر المختار مار الياس الغيور البار الصاعد الى السما
على مراكب النار
شفاعته

α΄. Ἱστορία τοῦ Ἀγνοῦ τοῦ ἐκλεκτοῦ Μὰρ Ἠλίου τοῦ
ζηλωτοῦ τοῦ δικαίου τοῦ ἀναβάντος εἰς τοὺς οὐρανοὺς ἐπὶ
ἁμαξῶν πυρός.

β΄. Προσευχὴ αὐτοῦ.

Χάρτης· ιη΄ × ιγ΄· φ. ρμδ΄· γρ. ιγ΄.

523

قصة الاربعين اشهاد الذين استشهدوا فى مدينة سبسطية فى
ارض الروم
قصة ميلاد السيدة وميلاد المسيح من يعقوب الرسول المسمى
اخو الرب
وصف تصرف ابينا البار اسيا عجائب فى عيشته ومذبحه
قصة القديس جرجس

α΄. Ἱστορία τῶν μ΄ μαρτύρων τῶν ἐν Σεβάστῃ τῇ πόλει
τῆς Ἑλλάδος παθέντων.

β΄. Ἱστορία τῆς γενέσεως τῆς Παναγίας καὶ τοῦ Χριστοῦ
γεγραμμένη ὑπὸ Ἰακώβου Ἀποστόλου ἀδελφοῦ τοῦ Κυρίου.

γ΄. Ἱστορία Ἡσαίου, τῶν θαυμάτων καὶ τοῦ θυσιαστη-
ρίου αὐτοῦ.

δ΄. Μῦθος τοῦ Ἁγίου Γεωργίου.

Χάρτης· ιε΄ × ια΄· φ. ρμβ΄· γρ. ι΄.

524

قصة الاربعين اشهاد الذين استشهدوا فى سبسطية فى ارض
الروم والخ

Ἱστορία τῶν μ´ μαρτύρων τῶν ἐν Σεβάστῃ τῆς Ἑλλάδος παθέντων κ.τ.λ.

Χάρτης· ις´ × ια´· φ. σκε´· γρ. ια´.   Μ. Χ. ͵αρμζ´.

525

مقالات مار كاسانيوس

Κηρύγματα Μὰρ Κασσιανοῦ.

Εἰς φρικτὴν κατάστασιν.

Χάρτης· κα´ × ιδ´· φ. σλζ´· γρ. ις´.

526

Ἱστορία τῆς Ἐκκλησίας.

Εἰς κακὴν κατάστασιν· ἄνευ δεσίμου καὶ τίτλου· ἐλλειπὲς κατ᾽ ἀρχὴν καὶ τέλος.

Χάρτης· κς´ × ις´· φ. ρλς´· γρ. κγ´

527

Ἀφῃρημένον.

528

اخبار وبشارة جرجس اسقف اسكندرية
سيرة فم الذهب
المنظر الذى راه الاب اشيشيوس ليحنا المغبوط
شيام (sic) المغبوط شماس
شيام (sic) المغبوط قسيانى
استحضار يوحنا المغبوط
كتاب الملك الى البطرك ...... المغبوط من ارقاذيوس
وهنوريوس
خبر الارملة الاسكندرانية من اشخاص ثاوفيلس
حرمة ثاوفنسطس وكرمها
رسالة يوحنا الى الملكة بستيا
رسالة المجمع الدنس الى يوحنا المغبوط
خبر الزلزلة التى اجلها رد يوحنا الى لرسة

ظهور الرسولين له بطرس ويوحنا المغبوط
رسالة الملك الى ثاوفيلس
قول القديس يوحنا فم الذهب

α'. Ἱστορία καὶ Κήρυξις Γεωργίου Ἐπισκόπου Ἀλεξανδρείας.

β'. Βίος τοῦ Ἁγίου Χρυσοστόμου.

γ'. Ἐμφάνησις Ἰωάννου τοῦ Δικαίου τῷ πατρὶ (Εὐσταθίῳ ;).

δ'. Ἐξεικόνισμα τοῦ δικαίου διακόνου.

ε'. Ἐξεικόνισμα τοῦ δικαίου Κασσιανοῦ.

ϛ'. Ἐμφάνησις Ἰωάννου τοῦ δικαίου.

ζ'. Βιβλίον τῶν Βασιλέων ἕως τοῦ Πατριάρχου...τοῦ δικαίου ἐπὶ Ἀρκαδίου καὶ Ὡνωρίου.

η'. Ἱστορία τῆς χήρας Ἀλεξανδρείας ἀπὸ τῶν συγγραμμάτων Θεοφίλου.

θ'. Περὶ τῆς συζύγου Θεοφάνους καὶ τοῦ ἀμπελῶνος αὐτῆς.

ι'. Ἐπιστολὴ Ἰωάννου πρὸς τὴν Βασίλισσαν Βαστίας.

ια'. Ἐπιστολὴ τῆς κακῆς Συναγωγῆς πρὸς Ἰωάννην τὸν Δίκαιον.

ιβ'. Ἱστορία τοῦ σεισμοῦ τοῦ ἐπιφερομένου διὰ τὴν ἐπάνοδον Ἰωάννου εἰς Λάρισσαν.

ιγ'. Ἐμφάνησις αὐτῷ τῶν Ἀποστόλων Πέτρου καὶ Ἰωάννου τοῦ Εὐλογημένου.

ιδ'. Ἐπιστολὴ τοῦ Βασιλέως πρὸς Θεόφιλον.

ιε'. Λόγος τοῦ Ἁγίου Ἰωάννου Χρυσοστόμου.

Χάρτης· ιη'×ιγ'· φ. τλγ'· γρ. ιβ'.

529

اخبار انثاميوس
عادرين اسقف اورشليم
خبر اليسيسيوس
ثارظوريطس البطريق اطروبيوس
كتب ارقاديوس الملك الى اننكنتيوس بابا رومية

ابيفانيوس الاسقف

انستاسيوس ويوحنا المغبوط

سيرة الملكة افطوكسية

ظهور الرسولين بطرس ويوحنا المغبوط

من قول فم الذهب

قصة القديسة الشاهدة ايرينى ابنة لكنيوس الملكى

α΄. Ἱστορία Ἀνθίμου.

β΄. Ἀδριανοῦ Ἐπισκόπου Ἱεροσολύμων.

γ΄. Ἱστορία Ἐλισαιέ.

δ΄. Θεοδωρήτου Πατριάρχου [Τροπαίας;].

ε΄. Γράμματα Ἀρκαδίου Βασιλείου πρὸς Ἰννοκέντιον Παπᾶν Ῥώμης.

ϛ΄. Ἐπιφανίου Ἐπισκόπου.

ζ΄. Ἀναστασίου καὶ Ἰωάννου τοῦ Δικαίου.

η΄. Βίος τῆς Βασιλίσσης Εὐδοξίας.

θ΄. Ἐμφάνησις τῶν Ἀποστόλων Πέτρου καὶ Ἰωάννου τοῦ Δικαίου.

ι΄. Λόγος Χρυσοστόμου.

ια΄. Ἱστορία τῆς ἁγίας Μάρτυρος Εἰρήνης θυγατρὸς Λικινίου Βασιλικοῦ.

Χάρτης· κα΄ × ιδ΄· φ. τκζ΄· γρ. ιδ΄.

530

قصة مار يوحنا الانجيلى كتبها برخوريوس احد الرسل السبعين لسبب استفناس

سيرة وعجائب القديسين مكسيميوس وداماديوس ولدى الملك المحب لله لاونثيوس ملك المدينة العظمى رومية

قصة الشهيدة المنطقية قمارتنى ام الملك قنفطا

قصة مار يوحنا الدملمى فى مدينة الموصل فى زمان الملك بنى امية

شهادة اوراوس

*قصة شهادة الشاهد قرنيليوس راس الماية

α'. Ἱστορία Μὰρ Ἰωάννου Εὐαγγελιστοῦ γεγραμμένη διὰ Στέφανον ὑπὸ Προχόρου ἑνὸς τῶν ἑβδομήκοντα Ἀποστόλων.

β'. Βίος καὶ θαύματα Μαξίμου καὶ Δαμαδίου υἱῶν τοῦ θεοφιλοῦς Βασιλέως Λεοντίου Βασιλέως τῆς μεγάλης πόλεως Ῥώμης.

γ'. Ἱστορία τῆς εὐγλώσσου μάρτυρος (Καμαρτίνης;) μητρὸς τοῦ Βασιλέως (Κανάδχ;).

δ'. Ἱστορία Μὰρ Ἰωάννου (Δαμλαμοῦ;) ἐν Μοσὺλ τῇ πόλει κατὰ τοὺς χρόνους τῶν Ὀμμαγιάδων Βασιλέων.

ε'. Ἱστορία (Ἐβόρους;).

*ϛ'. Μαρτύριον Κορνηλίου Ἑκατοντάρχου.

Χάρτης· ιζ' × ιγ'· φ. υις'· γρ. ιγ'.

531

اخبار بولص الرسول
قصة اوفمانوس
رسالة بولص الراهب اسقف صيد الانطاكى الى بعض اصدقاه
الذين تصيدوا من المسلمين
خبر وجود الصليب المعظم على يدى هلانة ام الملك
قسطنطين
عجائب السيد المسيح
خروج المسيح من مصر
العجيبة التى كانت له مع اللصوص فى طرنفية
قصة فوتة السيدة مارة مريم
قصة بولا القديس عند ما ظهره الشيطان
خبر القديسين المستشهدين فى وقت فنوخ بيت المقدس
فى ايام مملكة هرقلك على الروم وبولى بشروان كسرى مملكة
الفرس
من قول ابينا انسظرط
اطروباريات

α'. Μῦθος Παύλου Ἀποστόλου.

β'. Ἱστορία Εὐμενίου.

γ΄. Ἐπιστολὴ Παύλου Ἀντιοχείας Μοναχοῦ Ἐπισκόπου Σίδωνος πρὸς φίλους τινὰς ὑπὸ τῶν Μωαμεθανῶν δεδιωγμένους.

δ΄. Εὕρεσις τοῦ τιμίου Σταυροῦ ὑπὸ Ἑλένης μητρὸς Κωνσταντίνου Βασιλέως.

ε΄. Θαύματα τοῦ Κυρίου Χριστοῦ.

ϛ΄. Ἔξοδος τοῦ Χριστοῦ ἐξ Αἰγύπτου.

ζ΄. Τὸ θαῦμα τὸ ὁποῖον συνέβη αὐτῷ μετὰ τῶν ληστῶν ἐν Ταρναφίᾳ.

η΄. Ἱστορία τοῦ θανάτου Μαρίας τῆς Παναγίας.

θ΄. Ἱστορία τοῦ Ἁγίου Παύλου ὅταν ὁ Σατανᾶς ἐφαίνετο αὐτῷ.

ι΄. Μῦθος τῶν Ἁγίων Μαρτύρων ὅταν κατεστράφη Ἱερουσαλὴμ κατὰ τοὺς χρόνους τῆς κυβερνήσεως Ἡρακλείου ἐπὶ τῆς Ἑλλάδος καὶ κατὰ τὴν διοίκησιν Παρβὰς Χοσρόης ἐπὶ τῆς Περσίας.

ια΄. Λόγος τοῦ πατρὸς ἡμῶν (Ναρσοῦς;).

ιβ΄. Τροπάρια.

Χάρτης· ιε΄ × ια΄· φ. τξβ΄· γρ. ιβ΄.

532

قصة القديس يوحنا الإنجيلى
من قول القديس اندرااوس
قصة القديسة قاترينا
قصة القديسين

α΄. Ἱστορία τοῦ Ἁγίου Ἰωάννου Εὐαγγελιστοῦ.

β΄. Λόγος τοῦ Ἁγίου Ἀνδρέου.

γ΄. Ἱστορία τῆς Ἁγίας Αἰκατερίνης.

δ΄. Ἱστορία τῶν Ἁγίων.

Χάρτης· ιζ΄ × ιβ΄· φ. σβ΄· γρ. ιβ΄.

533

قصة القديس نيلص

من قول القديس افرام : من قول يوحنا الدمشكى

α΄. Ἱστορία τοῦ Ἁγίου Νείλου.

β΄. Λόγοι Μὰρ Ἐφραὶμ καὶ Ἰωάννου Δαμασκηνοῦ.

Χάρτης· ιζ΄ × ιβ΄. φ. ρϟη΄ ὧν ἓν ἄγραφον· γρ. ιδ΄.

534

قنداقات البشارة

قصة القديسين سرجس ومجنس

عجائب القديس باسيليوس

قصة القديسة مريم

α΄. Λειτουργίαι τοῦ Εὐαγγελίου.

β΄. Ἱστορία τῶν Ἁγίων Σεργίου καὶ Μάγνου.

γ΄. Θαύματα τοῦ Ἁγίου Βασιλείου.

δ΄. Ἱστορία τῆς Ἁγίας Μαρίας.

Χάρτης· ιζ΄ × ιγ΄. φ. τμε΄· γρ. ιδ΄.

535

ميامر يوحنا الدمشكى واكسانيوس وبطرس بابا وبطرس بطرك الاسكندرية

قصة القديس ارميا الحارث واصحابه الذين استشهدوا بخبران المدينة فى السنة الخامسة من الملك قسطنطين

قصة وشهادة اثناسيوس

قصة القديسين سرجس ومجنس ومار تديس وابروفيوس ودمتريوس وتلميذه نسطور واسطراطيوس واوجانيوس وارسطس ومارذاريوس والاربعين شاهد الذين شهدوا فى سبسطية من ارض الروم

مار اسيطا‍ت ابكليذس الناسك وسيرته المعجبة

ميمر فم الذهب

قصة يوسف

α'. Κηρύγματα Ἰωάννου Δαμασκηνοῦ καὶ Κασσιανοῦ, καὶ Πέτρου Παπᾶ Ῥώμης καὶ Πέτρου Πατριάρχου Ἀλεξανδρείας.

β'. Ἱστορία τοῦ Ἁγίου Ἱερεμίου γεωργοῦ καὶ τῶν φίλων αὐτοῦ τῶν μεμαρτυρημένων ἐν Χεβρὰν τῇ πόλει ἐν τῷ πέμπτῳ ἐνιαυτῷ τοῦ Βασιλέως Κωνσταντίνου.

γ'. Ἱστορία καὶ Μαρτύριον Ἀθανασίου.

δ'. Ἱστορία τῶν Ἁγίων Σεργίου καὶ Μάγνου καὶ Μὰρ Θαδδαίου καὶ Προκοπίου καὶ Δημητρίου καὶ Νέστωρος Μαθητοῦ αὐτοῦ, Εὐστρατίου, Εὐγενίου, Ὀρέστου, Μαρδαρίου, καὶ τῶν μ' Μαρτύρων τῶν παθόντων ἐν Σεβαστῇ τῆς Ἑλλάδος.

ε'. Μὰρ (Εὐσταθίου ;)......ὁ εὐσεβὴς καὶ ὁ θαυμαστὸς βίος αὐτοῦ.

ς'. Κήρυγμα Χρυσοστόμου.

ζ'. Ἱστορία Ἰωσήφ.

Χάρτης· κ' × ιδ'· φ. τνς'· γρ. ιδ'.

536

كلام واخبار الابا القديسين من انطونيوس واثانسيوس والخ

Λόγοι καὶ μῦθοι τῶν Ἁγίων Πατέρων ὑπὸ Ἀντωνίου, Ἀθανασίου κ.τ.λ.

Χάρτης· κα' × ιγ'· φ. τοβ'· γρ. ιγ'.

537

وصف استوداوس
وصف دخول الكنيسة من اخر الكنيسة

α'. Περιγραφὴ Εὐσταθίου.

β'. Περιγραφὴ τῆς εἰσόδου τῆς ἐκκλησίας ἐκ τοῦ ὄπισθεν ἐκκλησίας.

Χάρτης· κ' × ιδ'· φ. σθ'· γρ. ι'.

538

مقالات فم الذهب والخ

Κηρύγματα τοῦ Ἁγίου Χρυσοστόμου κ.τ.λ.
Χάρτης· κε΄ × ιζ΄· φ. νοζ΄· γρ. κ΄.

539

قصة الطوبانى مار بطروس
خبر القديس يعقوب : فيلبس : برتلموس : ثوماس : مشاوس :
بنيمن : لوقا
من قول اثناسيوس
[*قصة...بطرس ريس التلاميذ وبشارته
*قصة بطرس الصفا ويوحنا (فى انطاكية)
*فصل من بشارة بولس
*شهادة بطرس وبولس
*رسالة ارسلها الكير ديونيسيوس الى تيموثاوس
*هذا ندا التلميذ......اندراوس
*اعمال التلاميذ......اندراوس وبرثلموس
*شهادة انذراوس
*خبر القديس يعقوب بن زبدى
*شهادة يعقوب
*قصة يوحنا بن زبدى كروز الانجيل
*قصة فيلبس السليح (بكرتجينا)
*شهادة......فيلبس
*بشارة برثلموس و اكرازه فى مدينة الواح
*شهادة القديس برثلموس
*قصه ثوماس السليح (فى الهند)
*شهادة القديس ثوماس
*اعمال مشاوس التلميذ الانجيلى
*قصة انذراوس ومشاوس
*شهادة القديس مثى الانجيلى

*شهادة يعقوب بن حلفى

*بشارة...سيمن بن كلاوبا

*شهادة سيمن

*شهادة...يهوذا اخى الرب وهو ثظاوس

*شهادة القديس مثيس الرسول

*هذا ندا يعقوب الصديق تلميذ الرب...واخوه

*شهادة القديس......يعقوب (من اوسبيوس)

*شهادة مرقس الانجيلى بالاسكندرية

*شهادة لوقا الانجيلى

*شهادة قرنيلوس القديس......احد من السبعين

*من اثناسيوس بطررك اسكندرية على ملكى صادق

*نبوة دنيال

*نبوة ايلياس

*نبوة اليشع]

α΄. Ἱστορία Μὰρ Πέτρου τοῦ Μακαρίου.

β΄. Μῦθοι τῶν Ἁγίων Ἰακώβου, Φιλίππου, Βαρθολο-
μαίου, Θωμᾶ, Ματθαίου, Βενϊαμίν, Λουκᾶ.

γ΄. Λόγος Ἀθανασίου.

[α΄. Μῦθος καὶ Κήρυξις Πέτρου Ἡγουμένου τῶν Ἀπο-
στόλων.

β΄. Μῦθος Πέτρου καὶ Ἰωάννου (ἐν Ἀντιοχείᾳ τῇ πόλει).

γ΄. Ἀπόσπασμα ἐκ τῆς Κηρύξεως Παύλου.

δ΄. Μαρτύριον Πέτρου καὶ Παύλου.

ε΄. Ἐπιστολὴ Διονυσίου πρὸς Τιμόθεον.

ϛ΄. Πρόσκλησις Ἀνδρέου Μαθητοῦ.

ζ΄. Πράξεις τῶν Μαθητῶν Ἀνδρέου καὶ Βαρθολομαίου.

η΄. Μαρτύριον Ἀνδρέου.

θ΄. Μῦθος τοῦ Ἁγίου Ἰακώβου υἱοῦ Ζεβεδαίου.

ι΄. Μαρτύριον Ἰακώβου.

ια΄. Μῦθος Ἰωάννου υἱοῦ Ζεβεδαίου Ἱεροκήρυξ τοῦ
Εὐαγγελίου.

ιβ΄. Μῦθος Φιλίππου Ἀποστόλου (ἐν Καρθαγενείᾳ).

ιγ΄. Μαρτύριον Φιλίππου.

ιδ΄. Κήρυξις Βαρθολομαίου ἐν τῇ πόλει الواح τῆς Αἰ-
γύπτου.

ιε΄. Μαρτύριον τοῦ Ἁγίου Βαρθολομαίου.

ις΄. Μῦθος Θωμᾶ Ἀποστόλου (ἐν Ἰνδίᾳ).

ιζ΄. Μαρτύριον τοῦ Ἁγίου Θωμᾶ.

ιη΄. Πράξεις Ματθαίου Ἀποστόλου Εὐαγγελιστοῦ.

ιθ΄. Μῦθος Ἀνδρέου καὶ Ματθαίου.

κ΄. Μαρτύριον τοῦ Ἁγίου Ματθαίου Εὐαγγελιστοῦ.

κα΄. Μαρτύριον Ἰακώβου υἱοῦ Ἀλφαίου.

κβ΄. Κήρυξις Σίμωνος υἱοῦ Κλεοπᾶ.

κγ΄. Μαρτύριον Σίμωνος.

κδ΄. Μαρτύριον Ἰούδα ἡ Θαδδαίου ἀδελφοῦ τοῦ Κυρίου.

κε΄. Μαρτύριον τοῦ Ἁγίου Ματθίου Ἀποστόλου.

κς΄. Πρόσκλησις Ἰακώβου τοῦ Δικαίου Μαθητοῦ τοῦ
Κυρίου καὶ τοῦ ἀδελφοῦ αὐτοῦ.

κζ΄. Μαρτύριον τοῦ Ἁγίου Ἰακώβου (ἐξ Εὐσεβίου).

κη΄. Μαρτύριον Μάρκου Εὐαγγελιστοῦ ἐν Ἀλεξανδρείᾳ.

κθ΄. Μαρτύριον Λουκᾶ Εὐαγγελιστοῦ.

λ΄. Μαρτύριον τοῦ Ἁγίου Κορνηλίου ἑνὸς τῶν Ἑβδομή-
κοντα.

λα΄. Περὶ Μελχισεδὲκ ὑπὸ Ἀθανασίου Πατριάρχου
Ἀλεξανδρείας.

λβ΄. Προφητεία Δανιήλ (κεφ. ιβ΄ καὶ προσθετικά).

λγ΄. Προφητεία Ἠλίου (ἐκ Βασιλέων Τρίτης ις΄, κθ΄).

λδ΄. Προφητεία Ἐλισαιέ (ἐκ Βασιλέων Τετάρτης β΄, ιθ΄)]

Χάρτης· κ΄ × ιγ΄· φ. σοζ΄· γρ. ιζ΄.

540

شهادات وعجائب

ميمر القديس انسطاسيوس

خبر وجود الصليب العظيم على يدى الملكة هلانة ام الملك
قسطنطين

α΄. Μαρτύρια καὶ θαύματα.

β'. Κήρυγμα τοῦ ῾Αγίου ᾿Αναστασίου.

γ'. Μῦθος τῆς εὑρέσεως τοῦ τιμίου Σταυροῦ ὑπὸ ῾Ελένης Βασιλίσσης Μητρὸς Κωνσταντίνου Βασιλέως.

᾿Ελλειπὲς κατ᾿ ἀρχὴν καὶ τέλος.

Χάρτης· ιε' × ια'· φ. σξ'· γρ. ιγ'.

541

᾿Αφῃρημένον.

542

شهادة الابهات الذين قّتلوا بطور سينا موضع الله القديس

عجائب ابهاتنا بطور سينا جبل الله المقدس الشريف

مقالة مار افرام القديس

مقالة فم الذهب

شهادة ابينا المقدس عبد المسيح ريس طور سينا الذى استشهد بالرملة

تدبير العظيم الممتلى من كل الفضائل حنانيا

قصة انسيحة القديسة

قصة اندرانوس القديس وزوجته اثناسية

قصص القديسين

α'. Μαρτύριον τῶν Πατέρων τῶν φονευθέντων ἐν τῷ ᾿Ορει Σινᾶ ἁγίῳ τόπῳ Θεοῦ.

β'. Θαύματα τῶν Πατέρων ἐν τῷ ᾿Ορει Σινᾶ ὄρει Θεοῦ μεγάλῳ καὶ ἁγίῳ.

γ'. Κήρυγμα τοῦ ῾Αγίου Μὰρ ᾿Εφραίμ.

δ'. Κήρυγμα Χρυσοστόμου.

ε'. Μαρτύριον τοῦ ῾Αγίου Πατρὸς ἡμῶν Χριστοδούλου ῾Ηγουμένου τοῦ ᾿Ορους Σινᾶ ἐν ῾Ραμλῇ μεμαρτυρημένου.

ϛ'. Διαγωγὴ ᾿Ανανίου τοῦ μεγάλου τοῦ πληρωμένου πασῶν τῶν χαρίτων.

ζ'. ῾Ιστορία τῆς ῾Αγίας.. .....

η'. ῾Ιστορία τοῦ ῾Αγίου ᾿Ανδρονίκου καὶ τῆς γυναικὸς αὐτοῦ ᾿Αθανασίας.

θ΄. Ἱστορίαι τῶν Ἁγίων.
Μεμβράνη· κγ΄ × ιδ΄· φ. σνγ΄· γρ. κ΄.

543 ⎫
544 ⎭

Ἀφῃρημένα.

545

قصص وميامر

Ἱστορίαι καὶ Κηρύγματα.
Χάρτης· ιη΄ × ιδ΄· φ. υλϛ΄· γρ. ιδ΄.

546

تدبير الابا القديسين

Τάξις τῶν Ἁγίων Πατέρων.
Χάρτης· κε΄ × ιϛ΄· φ. σμα΄· γρ. ιζ΄.

546 bis

اقوال القديسين اغاتون ونفيوثيوس ونبى ايلوا ويارقوس
ويوحنا القصير والخ

Λόγοι τῶν Ἁγίων (Ἀρέθα ; Νεοφύτου ;) Ἡλίου Προ-
φήτου· Ἱέρακος· Ἰωάννου τοῦ Μικροτέρου κ.τ.λ.
Χάρτης· κε΄ × ιζ΄· φ. σλη΄· γρ. ιζ΄.

547

حرف من الماىرنعون المعرون الرهبان

Τεμάχιον ἐκ τῶν συγγραμμάτων (Μαρινιάνου ;) τοῦ
Μοναχοῦ τοῦ ἐκ (Μάρωνος ;).
Χάρτης· κε΄ × ιζ΄· φ. ρε΄· γρ. ιθ΄.

548

اقوال اقليمقس وانسطاسيوس وفم الذهب واغريغوريوس
وبرصنوفيوس وباسيليوس ومار افرام
اعمال القديسين

15—2

قصة يدل على السبب التى دخلت عبادة الاصنام بالارض

مديح ليوحنا ريس طور سينا

a'. Λόγοι Κλίμακος, 'Αναστασίου, Χρυσοστόμου, Γρη-
γορίου, Βαρσανουφίου, Βασιλείου, καὶ Μὰρ 'Εφραίμ.

β'. Πράξεις τῶν 'Αγίων.

γ'. 'Ιστορία δεικνῦσα διά τινα αἰτίαν εἰσῆλθεν ἡ εἰδω-
λολατρεία εἰς τὴν γῆν.

δ'. 'Εγκώμιον 'Ιωάννου 'Ηγουμένου τοῦ "Ορους Σινᾶ.

Χάρτης· ιθ' × ιγ'· φ. ρϟδ'· γρ. ιδ'.

549

من اقوال القديسين باسيليوس واثناسيوس ومار افرام وفم
الذهب وانسطاسيوس والخ

البستان الذي كتبه سفرونيوس بطريك بيت القدس

a'. Λόγοι τῶν 'Αγίων Βασιλείου, 'Αθανασίου, Μὰρ
'Εφραίμ, Χρυσοστόμου, 'Αναστασίου, κ.τ.λ.

β'. 'Ο κῆπος, Βιβλίον γεγραμμένον ὑπὸ Σοφρωνίου
'Επισκόπου 'Ιεροσολύμων.

'Ελλειπὲς κατ' ἀρχὴν καὶ τέλος.

Χάρτης· ιε' × ιβ'· φ. τλϛ'· γρ. ιδ'.

550

عظات انطونيوس القديس والقديس ارسانيوس

Λόγοι τῶν 'Αγίων 'Αντωνίου καὶ 'Αρσενίου.

Πολὺ διεφθαρμένον.

Χάρτης· ιζ' × ιβ'· φ. σπα'· γρ. ιη'.

551

سيرة القديس ثاوذرس والخ

'Ιστορίαι καὶ λόγοι τοῦ 'Αγίου Θεοδώρου, κ.τ.λ.

'Ελλειπὲς κατ' ἀρχήν.

Χάρτης· ιϛ' × ιβ'· φ. ρμα'· γρ. ιβ'.

552

اخبار القديسين
من قول القديس انطقيوس

α'. Ἱστορίαι τῶν Ἁγίων.

β'. Λόγος τοῦ Ἁγίου Ἀντιόχου.

Ἐλλειπὲς κατ' ἀρχήν.

Χάρτης· ις' × ιβ'· φ. ρξγ'· γρ. ιγ'.

553

الامانة الارثذكسية
اقوال القديسين
سيرة بطرس وبولص
*قصة فيلبس السليح
*قصة مرقس (المصري)

α'. Ἡ Πίστις ἡ Ὀρθόδοξος.

β'. Λόγοι τῶν Ἁγίων.

γ'. Βίος Πέτρου καὶ Παύλου.

δ'. Κανὼν τοῦ Πάσχα.

ε'. Μῦθος Φιλίππου Ἀποστόλου.

ς'. Μῦθος Μάρκου (τοῦ Αἰγυπτίου;).

Μετ' εἰκόνων. Ἓν ἑλληνικὸν φύλλον ἐν τῷ δεσίμῳ.

Χάρτης· ιζ' × ιγ'· φ. ρνδ'· γρ. ιθ'.

554

اشهاد طيبة اخبار واقوال الابا القديسين

Μαρτύρια καὶ Ἱστορίαι τῶν Ἁγίων Πατέρων.

Χάρτης· ιγ' × θ'· φ. τη' ὧν ς' ἐπενθετικά· γρ. ια'.

555

ماية راس وضعها القديس يوحنا الراهب العظيم المشهور لرهبان
الهند

Ἑκατὸν κεφάλαια, ἔργον τοῦ Ἁγίου Ἰωάννου τοῦ Μονα-
χοῦ διὰ τοὺς ἐν τῇ Ἰνδίᾳ Μοναχούς.

Χάρτης· ιγ' × θ'· φ. ροζ' ὧν β' διεσπασμένα· γρ. ιβ'.

556

مجادلة الراهب ...... مع المسلم وشهادته

قصة بولا الذى ظهره الشيطان

مولد السيدة

خبر نياح السيدة

ليوحنا فم الذهب على الغانى والفقير

قنداق

α'. Συζητήσεις μεταξὺ Μοναχοῦ τινος καὶ Μωαμεθανοῦ.

β'. Ἱστορία Παύλου καὶ τῆς ἐμφανίσεως τοῦ διαβόλου αὐτῷ.

γ'. Γενέθλια τῆς Παναγίας.

δ'. Ἱστορία τοῦ τῆς Κυρίας θανάτου.

ε'. Λόγος Ἰωάννου Χρυσοστόμου περὶ τοῦ Πλουσίου καὶ τοῦ Πτωχοῦ.

ϛ'. Ἀκολουθία.

Ἐλλειπὲς κατ' ἀρχὴν καὶ τέλος.

Χάρτης· ιε' × ι'· φ. ρπδ'· γρ. ιε'.

†557

اقوال رهبان

قصة ابينا القديسين المستشهدين بطور سينا وراية

α'. Λόγοι Μοναχῶν.

β'. Ἱστορία τῶν Ἁγίων Πατέρων τῶν ἐν Σινᾷ καὶ Ραϊθῷ μεμαρτυρημένων.

Χάρτης· ιη' × ιβ'· φ. τιγ'· γρ. ιβ'.

558

Ἀφῃρημένον.

559

ميامر مار افرام وفم الذهب وباسيليوس والخ

Κηρύγματα Μὰρ Ἐφραίμ, Χρυσοστόμου, Βασιλείου κ.τ.λ.

Χάρτης· ιη' × ιγ'· φ. σξη'· γρ. ια'.

560

مجمع من تعاليم الابا القديسين

Συλλογὴ διδαχῶν τῶν Ἁγίων Πατέρων.

Χάρτης· κα΄ × ιδ΄· φ. σξγ΄· γρ. ις΄.

561

اخبار ابينا اسيلاقس القديس الكبير

قصة القديس استراتيوس

جمعة من بستان الابهات القديسين من الشيوخ والشباب

من جميع الاديرة القديسة

(كان رجل من اهل رومية يقال له يوحنا وكانت له امراة

يقال لها سنيذا)

(كان رجل من اهل رومية يقال له اوفيميانوس وكان غانى

جدا)

بستان رهبان طور سينا مما وضع انسطاسيوس

اقوال فم الذهب

بعض عجائب ابهات بطور سينا

عظه ابينا اشعيا

من قول القديس ثاوذورس

خبر وجود اعضا القديسين

اقوال اغريغوريوس والخ

α΄. Μῦθοι τοῦ Πατρὸς ἡμῶν Σελεκύου μεγάλου ἁγίου.

β΄. Ἱστορία τοῦ Ἁγίου Εὐστρατίου.

γ΄. Συλλογὴ ἐκ τοῦ κήπου τῶν Πατέρων ἡμῶν τῶν ἁγίων πρεσβυτέρων τε καὶ νεανιῶν ἐκ πασῶν τῶν Ἁγίων Μονῶν.

(Ἦν ἀνὴρ Ῥωμαῖος τὸ ὄνομα αὐτοῦ Ἰωάννης καὶ εἶχε γυναῖκα τὸ ὄνομα αὐτῆς (Σινίζα;).)

(Ἦν ἀνὴρ Ῥωμαῖος τὸ ὄνομα αὐτοῦ Εὐφημάνιος καὶ ἦν πολὺ πλούσιος.)

δ΄. Κῆπος τῶν Μοναχῶν τοῦ Ὄρους Σινᾶ καὶ τὰ διατάγματα Ἀναστασίου.

έ. Λόγοι Χρυσοστόμου.

ς΄. Θαύματά τινα τῶν Πατέρων ἐν τῷ Ὄρει Σινᾶ.

ζ΄. Κήρυγμα τοῦ Πατρὸς Ἡσαίου.

η΄. Λόγος τοῦ Ἁγίου Θεοδώρου.

θ΄. Μῦθος τῆς εὑρέσεως τῶν ὀστέων τῶν Ἁγίων.

ί. Λόγοι τοῦ Ἁγίου Γρηγορίου κ.τ.λ.

Χάρτης· ιζ΄ × ι· φ. φοέ· γρ. ιβ΄.

562

مقالات مار افرام

Κηρύγματα Μὰρ Ἐφραίμ.

Πολλὰ φύλλα διεσπασμένα κατ᾿ ἀρχήν.

Χάρτης· ιη΄ × ιγ· φ. ρμβ΄· γρ. ιγ΄.

563

قصص القديس انسطاسيوس ريس طور سينا

Ἱστορίαι τοῦ Ἁγίου Ἀναστασίου Ἡγουμένου τοῦ Ὄρους Σινᾶ.

Ἐλλειπὲς κατ᾿ ἀρχήν.

Χάρτης· κβ΄ × ιε· φ. τγ· γρ. ις΄.

564

خبر طالب منزلة اسحاق او ايوب

اقوال ثاوذرس

خبر مرثة المغبوطة

خبر وجود اعضا القديسين

α΄. Μῦθος ἑνὸς ζητητοῦ τῆς οἰκίας Ἰσαὰκ οὐ Ἰώβ.

β΄. Λόγοι Θεοδώρου.

γ΄. Μῦθος Μάρθης τῆς δικαίας.

δ΄. Μῦθος τῆς εὑρέσεως τῶν ὀστέων τῶν Ἁγίων.

Χάρτης· κβ΄ × ιε· φ. τιη΄ ὧν πολλὰ διεφθαρμένα· γρ. ιε΄.

565

اخبار الابا القديسين النساك المتوحدين انطوسوس ونحوميوس

Μῦθοι τῶν Ἁγίων Πατέρων καὶ εὐσεβῶν Μοναχῶν (Εὐ-
τυχίου;) καὶ Νεεμία.

Χάρτης· φ. νος'. Μ. Χ. ͵αψμα'.

566

اخبار القديس ثاوذورس والخ

Μῦθοι τοῦ Ἁγίου Θεοδώρου κ.τ.λ.

Χάρτης· κ' × ις'· φ. σμα'. γρ. κδ'.

567

اقوال القديس ذوروثاوس اقليمقس والخ

Λόγοι τοῦ Ἁγίου Θεοδώρου, Κλίμακος κ.τ.λ.

Χάρτης· κβ' × ις'· φ. ριζ'· γρ. κ'.

568

اقوال القديس اغريغوريوس

Λόγοι τοῦ Ἁγίου Γρηγορίου.

Χάρτης· ιγ' × ι'· φ. σμζ'· γρ. ια'.

569

مسائل واجوبة القديسين باسيليوس وماقاريوس
من شهادة القديسة اوجانيا
تفسير رسالات
مقالات القديس اسحاق
من كلام انسطاسيوس وفم الذهب
من تفسير لبشارة يوحنا
من قول بطرس
اغريغوريوس ومركيانوس وثاوذرس

α'. Ἐρωταποκρίσεις τῶν Ἁγίων Βασιλείου καὶ Μακαρίου.

β'. Μαρτύριον τῆς Ἁγίας Εὐγενίας.

γ'. Ἐξήγησις τῶν Ἁγίων Ἐπιστολῶν.

δ'. Κηρύγματα Μὰρ Ἰσαάκ.

ε'. Λόγοι Ἀναστασίου καὶ Χρυσοστόμου.

ς'. Ἐξήγησις τοῦ Εὐαγγελίου κατὰ Ἰωάννην.

ζ'. Λόγοι Πέτρου.

η'. Λόγοι Γρηγορίου, Μαρκιανοῦ καὶ Θεοδώρου.

Χάρτης· φ. νξ'.

570

Ἀφῃρημένον.

571

قصة القديس مقاريوس

Ἱστορία τοῦ Ἁγίου Μακαρίου.

Διεφθαρμένον.

Χάρτης· κς' × ις'· φ. σκ' ὧν κα' ἐλλειπῆ· γρ. κ'.

572

اخبار القديسين

Συναξάριον.

Ἄνευ δεσίμου καὶ τίτλου.

Χάρτης· κα' × ιγ'· φ. ρος'· γρ. ις'.

573

اخبار ابا نساك ورهبان من كتاب المباركين
نصائح مفيدة لعلم من قراها وسمعها

α'. Μῦθοι τῶν εὐσεβῶν Πατέρων καὶ Μοναχῶν ἐκ τοῦ βιβλίου τῶν Εὐλογημένων.

β'. Συμβουλαὶ ὠφέλιμοι τοῖς ἀναγιγνώσκουσι καὶ ἀκούουσι αὐτάς.

Χάρτης· ιδ' × ι'· φ. ρμε' ὧν η' ἄγραφα· γρ. ιδ'.

574 ⎫
575 ⎪
576 ⎬
577 ⎭

Ἀφῃρημένα.

578

من قول انطونيوس
جليان يوحنا الثاولغس
رسالة القديس مقاريوس
من قول مكسيمس فى المحبة الشريعة فى الوصايا الانجيلية
من كلام القديس افرام
مسائل الفديس انسطاسيوس

α΄. Λόγος Ἀντωνίου.

β΄. Ἀποκάλυψις Ἰωάννου Θεολόγου.

γ΄. Ἐπιστολὴ τοῦ Ἁγίου Μακαρίου.

δ΄. Λόγος Μαξίμου περὶ τῆς θεμιτῆς ἀγάπης τῶν ἐν-
τολῶν τοῦ Εὐαγγελίου.

ε΄. Λόγος Μὰρ Ἐφραίμ.

ϛ΄. Συζητήσεις τοῦ Ἁγίου Ἀναστασίου.

Πολὺ ἐλλειπές.

Χάρτης· κϛ΄ × ιζ΄. φ. σοζ΄.

†579

مقالات

Κηρύγματα.

Ἐλλειπὲς κατ᾽ ἀρχήν.

Χάρτης· κγ΄ × ιϛ΄· φ. ρπ΄· γρ. ιη΄.

580

تاريخ ...... محبوب بن قسطنطين الرومى
قصة تدل وتخبر على العلة والسبب الذى به دخلت عبادة
الاصنام والاوتان الى العالم من بعد ان تفرقت الالسن على
وجه الارض

قصة كنعان بن خام
قصة ذى القرنين اسكندر الملك

α΄. Ἱστορία διὰ τὸν ἀγαπητὸν υἱὸν Κωνσταντίνου Ῥωμαίου.

β΄. Μῦθος δεικνὺς καὶ διηγούμενος ὅπως εἰσῆλθεν ἡ εἰδωλολατρεία εἰς τὸν κόσμον μετὰ τὴν τῶν γλωσσῶν σύγχυσιν ἐπὶ πρόσωπον τῆς γῆς.

γ΄. Ἱστορία Καναὰν υἱοῦ Χάμ.

δ΄. Ἱστορία Ἀλεξάνδρου τοῦ Βασιλέως τοῦ κερασφόρου. Χάρτης· κ΄ × ιϛ΄· φ. σϛ΄· γρ. θ΄.

581

Λόγος θεολογικός.
Ἄνευ δεσίμου καὶ τίτλου.
Χάρτης· ιθ΄ × ιδ΄· φ. σδ΄· γρ. ια΄.

582

اخبار اسكندر والخ

Μῦθοι Ἀλεξάνδρου κ.τ.λ.
Χάρτης· ιζ΄ × ιδ΄· φ. ρξθ΄· γρ. ι΄.

583 }
584 }

Ἀφῃρημένα.

585

مسائل اثناسيوس
قصة السيدة
شهادة تادرس

α΄. Συζητήσεις Ἀθανασίου.
β΄. Ἱστορία τῆς Κυρίας.
γ΄. Μαρτύριον (Θεοδώρου;).
Χάρτης· ιζ΄ × ιγ΄· φ. ρνβ΄· γρ. ιδ΄ καὶ ιε΄ καὶ ια΄.
Μ. Χ. ͵αρξγ΄.

586

Κανὼν τοῦ Πάσχα.

Χάρτης· ιε΄ × η΄· φ. ρνδ΄ ὧν γ΄ διεσπασμένα· γρ. η΄.

587

صلوات
حروف
مزامير والخ

Τὸ Πατὲρ ἡμῶν, Ἀλφάβητον, ψαλμοί, κ.τ.λ.

Χάρτης· ιδ΄ × ιη΄· φ. κγ΄· γρ. ιβ΄. Μ. Χ. ‚αψπζ΄.

+588

Προφητολόγιον.

Περιέχει παλίμψηστον καὶ ἀρχαίας περγαμηνάς.

Τὸ παλίμψηστον διπλάσιον κατ᾽ εἴκοσι φύλλα.

Μεμβράνη· κγ΄ × ιζ΄· φ. ριζ΄· γρ. κα΄.

Τὸ ἀρχαιότερον κείμενον περιέχει

α΄. Τὸ Πρωτευαγγέλιον Ἰακώβου.

β΄. Εὐαγγέλιον τοῦ Ἁγίου Θωμᾶ.

γ΄. Ἀνακομιδὴ τῆς Παναγίας καὶ ἄλλα συγγράμματα ἀπόκρυφα.

δ΄. Μέρη τινὰ ἐκ τῶν Βιβλίων τῶν Βασιλέων ἐν τῇ συριακῇ γλώσσῃ τῆς Παλαιστίνης. (J. F. Stenning.)

589

Λόγος εὐαγγελικός.

Ἐλλειπὲς κατ᾽ ἀρχὴν καὶ τέλος· δυσανάγνωστος.

Χάρτης· κζ΄ × ιζ΄· φ. ο΄· γρ. κ΄.

590

Κανόνες.

Χάρτης· κα΄ × ιδ΄· φ. ρξδ΄· γρ. ιθ΄.

591

ابرقسس
رسالة لبطرس
رسالة ليهوذا

خبر بولس الرسول
قصة القديس نيقالاوس والخ

α'. Πράξεις τῶν Ἀποστόλων.

β'. Ἐπιστολὴ τοῦ Ἁγίου Πέτρου.

γ'. Ἐπιστολὴ Ἰούδα.

δ'. Μῦθος Παύλου Ἀποστόλου.

ε'. Ἱστορία τοῦ Ἁγίου Νικολάου, κ.τ.λ.

Ἐλλειπὲς κάτα τέλος.

Χάρτης· κβ' × ιϛ'· φ. ρλζ'· γρ. ιε'.

592

اقوال القديس بولس
مقالات

α'. Λόγοι τοῦ Ἁγίου Παύλου.

β'. Κηρύγματα.

Ἄνευ δεσίμου καὶ τίτλου· φάγημα τῶν ποντικῶν.

Χάρτης· φ. ρμϛ'.

593

مقالات

Κηρύγματα.

Ἄνευ ἀρχῆς καὶ τέλους καὶ δεσίμου καὶ τίτλου.

Χάρτης· κβ' × ιε'· φ. ροζ'· γρ. ιη'.

594

Προφητολόγιον.

Χάρτης· κϛ' × ιη'· φ. ρμζ'· γρ. ιη'.

595

Συναξάριον.

Χάρτης· κγ' × ιϛ'· φ. σιε'· γρ. ιδ'.

596

Συναξάριον.

Χάρτης· κη' × κβ'· φ. ριβ'· γρ. ιϛ'.

597

كتاب دانيال النبى
خبر العالم

Βιβλίον Δανιὴλ Προφήτου.
Ἱστορία τοῦ κόσμου.
Χάρτης· κδ΄ × ιϛ΄· φ. ρνε΄· γρ. ιϛ΄.

598

قوانين

Κανόνες.
Χάρτης· κδ΄ × ιζ΄· φ. ρη΄· γρ. ιε΄.

†599

رسالة يوحنا القديس الدمشقى الى قزما اسقف مدينة مايوية

Ἐπιστολὴ τοῦ ἁγίου Ἰωάννου Δαμασκηνοῦ πρὸς Κοσμὰν
Ἐπίσκοπον Μαϊουμᾶ (Ἀνθηδόνος).
Ἐλλειπὲς κατ' ἀρχήν.
Χάρτης· ιζ΄ × ιγ΄· φ. τξη΄· γρ. ιδ΄.

600

قوانين

Κανόνες.
Χάρτης· ιϛ΄ × ιβ΄· φ. τιϛ΄· γρ. ια΄.

601

Προφητολόγιον.
Χάρτης· κ΄ × ιδ΄· φ. μθ΄· γρ. ιβ΄.

602

خبر مقلد الينا اناس صادقين مشهود لهم بالورع يذكر فيه
وجود نقل راس القديس يوحنا سابق الرب
شهادة القديسة افطوكية
ذكر تصرف مريم المصرية فى عيشتها
خبر تصرف طايسية الزانية
جهاد القديس جرجس

عجائب جرجس

قصة نقل لمبصانا القديس جرجس الى كنيسة لد

قصة شهادة مرقس السليح (كان فى ذلك الزمان الذى

اقتسم فيه التلاميذ الحوارين <فى> مدن العالم)

شهادة وعجائب سيمون ابن قلاوبا اسقف اورشليم

قصة السليح يعقوب بن زبدى

α΄. Ἱστορία διαγράφουσα ἡμῖν ἀνθρώπους δικαίους καὶ μαρτυροῦσα τὴν αὐτῶν εὐσέβειαν. Μνημονεύει ἐπίσης τὴν εὕρεσιν τῆς ἀνακομιδῆς τῆς κεφαλῆς Ἰωάννου Προδρόμου τοῦ Κυρίου.

β΄. Μαρτύριον τῆς Ἁγίας Εὐτυχίδος.

γ΄. Μνήμη τῆς δυνάμεως Μαρίας Αἰγυπτίας ζώσας αὐτῆς.

δ΄. Ἱστορία τῆς δυνάμεως Ταϊσίας πρώην πόρνης.

ε΄. Ἀνδραγαθήματα τοῦ Ἁγίου Γεωργίου.

ϛ΄. Θαύματα Γεωργίου.

ζ΄. Ἱστορία τῆς ἀνακομιδῆς τῶν λειψάνων Γεωργίου εἰς τὴν ἐκκλησίαν Λύδδης.

η΄. Ἱστορία τοῦ μαρτυρίου Μάρκου Ἀποστόλου. "Ἦν κατὰ τοὺς χρόνους ὅταν διεσπάρησαν οἱ ἀπόστολοι εἰς τὰς πόλεις τῆς οἰκουμένης."

θ΄. Μαρτύριον καὶ θαύματα Σίμωνος υἱοῦ Κλεοπᾶ Ἐπισκόπου Ἱεροσολύμων.

ι΄. Ἱστορία Ἰακώβου Ἀποστόλου υἱοῦ Ζεβεδαίου.

Δίστυλον· ἐλλειπὲς κατ' ἀρχὴν καὶ τέλος.

Χάρτης· λα΄ × κβ΄. φ. ρκ΄. γρ. κβ΄.

$$\left.\begin{array}{l} 603 \\ 604 \\ 605 \\ 606 \\ 607 \\ 608 \\ 610 \end{array}\right\}$$

Ἔντυπα.

611

Εὐχολόγιον.
Χάρτης· ιδ′ × η′· φ. Ϟϛ′· γρ. ιδ′.

619

Ὑμνολόγιον.
Ἄνευ δεσίμου.
Χάρτης· ιε′ × ι′· φ. ρνδ′· γρ. ιγ′.

620

قنون الفصح

Κανὼν τοῦ Πάσχα.
Χάρτης· ιε′ × ι′· φ. ρμθ′· γρ. ιϛ′.

621

Κηρύγματα (ἀγνώστου).
Χάρτης· ιζ′ × ιβ′· φ. ρμγ′· γρ. ιβ′.

622

Εὐχολόγιον καὶ Συναξάριον.
Χάρτης· ιβ′ × θ′· φ. σλ′· γρ. ια′.

623

Βιβλίον Ἱστοριῶν.
Χάρτης· κα′ × ιγ′· φ. πα′· γρ. ιζ′.

624

Λειτουργία Βασιλείου.
Ἑλλήνο-ἀραβική.
Χάρτης· κβ′ × ιϛ′· φ. κγ′· γρ. ιθ′.

625

اقوال بين امير وراهب

Διάλογος μεταξὺ Ἐμίρου καὶ Μοναχοῦ.
Χάρτης· κ′ × ιε′· φ. ρη′· γρ. ιε′. Μ. Χ. ͵αχϞθ′.

626

ترجمة رسالة العبرانيين الذى ارسلها الرسول بولص الى اليهود

Ἑρμηνεία τῆς Ἐπιστολῆς τοῦ Ἁγίου Παύλου πρὸς Ἑβραίους.

Χάρτης· λα΄ × κβ΄. φ. σλ΄. γρ. κα΄.   Μ. Χ. ͵αψκϛ΄.

627

(Ἀρχὴ ἄνευ τίτλου.)

الى صفى المسيح بلاسيوس محب الله وزير الملك المختار
من الله ثاوظوسيوس من بلاد يوسى الاسقف

Πρὸς τὸν φίλον Χριστοῦ Πελάσιον φιλόθεον βεζίρην τοῦ βασιλέως τοῦ ἐκλεκτοῦ Θεῷ Θεοδοσίου Ἐπίσκοπον τῆς γῆς (Ἀνσίου;).

Ἐλλειπὲς κατ᾽ ἀρχήν· ἄνευ δεσίμου καὶ τίτλου.

Χάρτης· κα΄ × ιγ΄. φ. ροα΄. γρ. ιη΄.

628

Εὐαγγέλια κατ᾽ ἀναγνώσεις.

Χάρτης· κγ΄ × ιζ΄. γρ. κ΄.   Μ. Χ. ͵ατλϛ΄.

0

قصة يوسف ابن يعقوب

ميمر مار افرام

قصة موسى رجل الله ابن اوفيمانس من مدينة رومية

سدلة الحكيمة

قصة الاربعين شاهد سبسطية

شهادة يعقوب المقطع

اخبار مار الياس

ميمر من قول مار يعقوب

خبر بطرس وبولص

شهادة بطرس وبولص

قصة موسى النبى

قصة القديس يوحنا صاحب الانجيل

α΄. Ἱστορία Ἰωσὴφ υἱοῦ Ἰακώβ.

β΄. Κήρυγμα Μὰρ Ἐφραίμ.

γ΄. Ἱστορία Μωϋσέως ἀνδρὸς Θεοῦ υἱοῦ Εὐφημιάνου Ῥώμης τῆς πόλεως.

δ΄. Ἱστορία τῆς σοφῆς (σκέπης;)

ε΄. Ἱστορία τῶν μ΄ μαρτύρων ἐν Σεβαστῇ.

ϛ΄. Ἱστορία Ἰακώβου τοῦ ἠρημένου μαχαίρᾳ.

ζ΄. Μῦθος Μὰρ Ἡλίου.

η΄. Κήρυγμα Μὰρ Ἰακώβου.

θ΄. Ἱστορία Πέτρου καὶ Παύλου.

ι΄. Μαρτύριον Πέτρου καὶ Παύλου.

ια΄. Μῦθος Μωϋσέως Προφήτου.

ιβ΄. Μῦθος τοῦ Ἁγίου Ἰωάννου Εὐαγγελιστοῦ.

Ἐλλειπὲς κατ᾽ ἀρχήν.

Χάρτης· φ. σκδ΄.

ΠΙΝΑΞ.

ΚΑΤ᾽ ΑΛΦΑΒΗΤΟΝ.

G. A. M.

CAMBRIDGE: PRINTED BY C. J. CLAY, M.A. AND SONS, AT THE UNIVERSITY PRESS.

www.ingramcontent.com/pod-product-compliance
Ingram Content Group UK Ltd.
Pitfield, Milton Keynes, MK11 3LW, UK
UKHW012021280225
455719UK00011B/427